Hello and welcome!
Ich bin der Wordmaster und helfe dir beim Wörterlernen.

Nachdem du neue Wörter in der Schule besprochen hast, kannst du die **New words** in diesem Buch als Vokabelheft benutzen.

Die **fett gedruckten** deutschen Wörter sind Lernwörter. Sie fehlen im englischen Satz, damit du sie eintragen kannst.

Meine Tipps

1 Die Reihenfolge der **New words** entspricht der Reihenfolge der neuen Wörter im Vocabulary deines Schülerbuches. Dort kannst du deine Lösungen überprüfen.

2 Wenn du mal nicht weiter weißt, kannst du auch im Vocabulary nachschauen.

3 Lern neue Wörter in einem Satz. So kann man sie sich besser merken.

4 Üb den neuen Wortschatz. Deck zum Beispiel mit einem Blatt Papier die englischen Sätze ab und versuch, die deutschen Sätze ins Englische zu übersetzen. Oder umgekehrt.

New words ▶ p.1

Mein **Name** ist … — My _name_ is …
Ich komme aus Deutschland. — _I'm from_ Germany.
Ich gehe zur **Schule**. — I go to _school_.
Ich **lerne** Englisch. — I _____ English.
Unser **Lehrer** ist nett. — Our _____ is nice.

Hi! Ich bin Ken und gebe dir Tipps. Zum Beispiel …

Überhaupt: Es gibt neben **New words** viele lustige Übungen. Die Lösungen findest du im beigelegten Heftchen.

… das große R bedeutet Revision: Auf Deutsch Wiederholung. Hier übst du Vokabeln, die du bereits früher gelernt hast.

Welcome back

1 Numbers and letters: the weather

Zu jeder Zahl gehört ein Buchstabe. Finde die Lösungswörter und dann den „geheimen Satz".

Dear Sophie,

Scotland is a great country, but the __ __ T __ __ __ here is really awful. It's the middle of
                                        5 11 15 8 1 11 13

August and it's __ __ __ __ and __ __ __ __ __ every day. We never see the S __ __ because
                3 6 14 9   13 15 12 2 4   7 10 2

there are so many big, black __ __ __ __ __ __ . We were in the __ __ __ __ __ __ __ __
                             3 14 6 10 9 7   16 6 10 2 8 15 12 2 7

last week and there was __ __ __ __ there! That's mad – __ __ __ __ in summer. At least there
                        7 2 6 5   7 2 6 5

were no __ __ __ __ __ __ . I'm sure your holiday was much better. Majorca is usually a
        7 8 6 13 16 7

G __ __ __   P __ __ __ __ __ for W __ __ __ and __ __ __ __ __   __ __ __ __ __ __ __ .
17 6 6 9   18 14 15 3 11   5 15 13 16   7 10 2 2 4   5 11 15 8 1 11 13

Say hi to the others. See you soon.

Tim

The secret sentence:

__ __ __ __   __ __ __ __   __ __ __ __ __ ,   __ __ __ __ __ __
 5 12 2 9   15 2 9   13 15 12 2   3 14 6 10 9 7

__ __ __ __ __   __ __ __ __ – __ __ __ __ __ __ __ !
15 2 9 7 2 6 5   1 10 13 13 4   10 18
,
__ __ __   __ __ __ __ __ __   __ __   __ __ __ __ !
12 8 7   8 12 16 11   8 6   17 6

2 The fourth word

Welches Wort fehlt hier?

1 loud – quiet	hot – cold	6 storm – stormy	cloud – _____
2 empty – full	cool – _____	7 met – meet	threw – _____
3 windy – wind	rainy – _____	8 sport – do	photos – _____
4 this – these	that – _____	9 drink – drank	ride – _____
5 July – summer	January – _____	10 Bristol – city	Germany – _____

Welcome back **3**

New words ▶ pp. 6–7

Letztes Jahr **reisten** wir nach Cornwall.	Last year we _____ to Cornwall.
Unsere Freunde hatten dort einen **Wohnwagen**.	Our friends had a _____ there.
Aber wir hatten ein Haus **am** Meer.	But we had a house _____ sea.
Wir waren jeden Tag **am Strand**.	We were _____ every day.
Wir **blieben** dort stundenlang.	We _____ there for hours.
Es war oft kalt, aber wir blieben **trotzdem**.	It was often cold, but we stayed _____ .
In der Stadt gab es ein kleines **Theater**.	There was a small _____ in the town.
Heute ist es sehr **kühl** draußen.	It's very _____ outside today.
Lass uns morgen **einen Spaziergang machen**.	Let's _____ tomorrow.
Aus welchem **Land** kommst du?	What _____ do you come from?
Lebst du **auf dem Land**?	Do you live _____ ?
Von hier haben wir eine großartige **Aussicht**.	We've got a great _____ from here.
Kann ich mein Handy **im Flugzeug** benutzen?	Can I use my mobile _____ ?
Ich las ein Buch **als** ich auf das Flugzeug wartete.	I read a book _____ I waited for the plane.
Fliegst du oft nach London?	Do you often _____ to London?
Sie schaute im ganzen Zimmer **umher**.	She looked all _____ the room.
Es ist heiß hier, wenn die Sonne **scheint**.	It's hot here when the sun _____ .
Der **Himmel** war gestern so blau.	The _____ was so blue yesterday.
Wir haben unseren **eigenen** Strand.	We've got our _____ beach.
Meistens **fahren** wir **mit dem Rad** dorthin.	We usually _____ there _____ .
Majorca ist eine schöne **Insel**.	Majorca is a beautiful _____ .
Wie war das Wetter?	_____ ?

3 Odd word out

Ein Wort passt nicht. Finde und unterstreiche es.

1 sunny – cloudy – <u>sun</u> – stormy
2 library – village – city – town
3 shirt – glasses – dress – shorts
4 hall – kitchen – bedroom – stage
5 bridge – caravan – tower – church
6 she – into – from – under

4 Lost words

Ergänze die Sätze mit den Wörtern aus den Luftballons.

1 It's warm outside. Let's go __for__ a walk.

2 Look! There are lots of people _____ the beach.

3 Are you scared _____ cold water?

4 The Shaws travelled _____ Cornwall on Saturday.

5 They're staying _____ a caravan.

6 We've got a nice holiday flat _____ the sea.

7 Jack is staying _____ home this summer.

8 We can go _____ town and watch some street theatre.

5 Word snake

Zwölf deutsche Wörter sind in der Schlange versteckt. Schreibe die englischen Übersetzungen auf.

1 _____   4 _____   7 _____   10 _____

2 _____   5 _____   8 _____   11 _____

3 _____   6 _____   9 _____   12 _____

6 Word pairs

Welche Wörter passen zusammen?

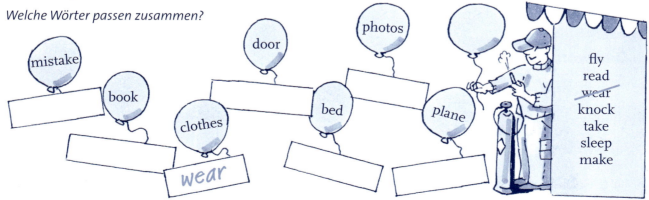

7 Spot the mistakes

In jedem Satz gibt es zwei Fehler. Unterstreiche und korrigiere sie.

1 Dan eated too much at Anandas birthday party.   ate   Ananda's
2 We flied to Paris last yier.   _____   _____
3 Yesterday we rided to school by baik.   _____   _____
4 I saw she when I comed into the room.   _____   _____
5 She taked the pencil and put it into her pencil cais.   _____   _____
6 I meeted two childs in the park yesterday.   _____   _____

8 Bits and pieces

Setze die Bruchstücke zusammen, um Wörter zu bilden, denen du in dieser Unit begegnet bist. Übersetze sie ins Deutsche.

coun	way
the	land
is	try
any	ther
wea	atre

1 country – Land
2 _____
3 _____
4 _____
5 _____

post	van
cara	tain
tra	thing
some	card
moun	vel

6 _____
7 _____
8 _____
9 _____
10 _____

9 What's the word: *much* or *many*?

a) Streiche das falsche Wort durch: much *oder* many.

1 How much / many days can you stay?
2 I haven't got much / many time.
3 There isn't much / many chicken in the fridge.
4 Are there much / many sausages?

5 Use *much/many* with plural words!

b) Vervollständige die Sätze mit den richtigen Wörtern.

1 You can hear so much new _____ on the radio. (songs / music)
2 We have to do too many _____ for school. (exercises / homework)
3 I don't know very much _____ . (English grammar / English words)
4 How much _____ have we got in the cupboard? (biscuits / bread)
5 I haven't got many _____ . (free time / hobbies)

6 Welcome back

New words ▶ pp. 8–9

Heute ist es nicht warm – nur 12 **Grad**.	It isn't warm today – only 12 _____.
Es ist regnerisch aber nicht **neblig**.	It's rainy, but not _____.
Nebel mag ich wirklich nicht.	I really don't like _____.
Das war ein toller **Start** in den Tag	That was a great _____ to the day.
Wir **fahren** jedes Jahr **ins Ausland**.	We _____ every year.
Keiner will in den Ferien hier bleiben.	_____ wants to stay here in the holidays.
Dan **spricht** jeden Tag **mit** Jo.	Dan _____ Jo every day.
Brauchst du neue **Kleider**?	Do you need new _____?
Können wir im **See** schwimmen?	Can we swim in the _____?

10 Crossword: words and pictures

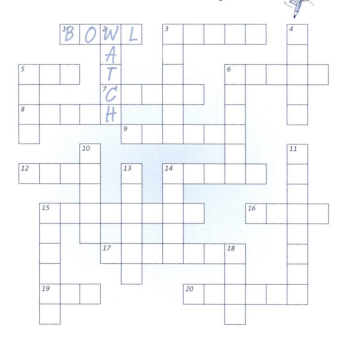

Across →

1 Can I have a ★ for my fruit salad? (4)
3 There are three sandwiches on the ★. (5)
5 another word for 'child' (3)
6 the English word for 'Brot' (5)
7 Please get up! It's seven o' ★. (5)
8 the singular of teeth (5)
9 land with water round it (6)
12 Listen! That's the door ★. There's somebody at the front door. (4)
14 You can visit the Eiffel ★ in Paris. (5)
15 The highest ★ is Mount Everest. (8)
16 the English word for 'Socke' (4)
17 You need them to see better. (7)
19 hand – arm / foot – ★ (3)
20 Can you play the ★? (6)

Down ↓

Unit 1

New words ▶ p. 11

Bitte **beschreibe** das Bild.   Please _____ the picture.

Das ist eine gute **Beschreibung**.   That's a good _____ .

Du kannst Berge im **Hintergrund** sehen.   You can see mountains in the _____ .

Und die Zwillinge sind im **Vordergrund**.   And the twins are in the _____ .

Ich mag das Foto **unten** auf der Seite.   I like the photo _____ of the page.

1 Word families

Finde die passenden Nomen zu den angegebenen Verben.

1 rehearse   *rehearsal*   4 invite   _____

2 describe   _____   5 live   _____

3 drink   _____   6 dance   _____

2 What are the words?

Wo ist Ken?

a) near the lake
b) next to the lake

a) in the middle
b) on the left

a) in front of the tree
b) behind the tree

a) at the top of the mountain
b) at the bottom of the mountain

a) in the foreground
b) in the background

a) under water
b) between the two children

1

New words ▶ p. 12

Wieviel kostet dein **Flug** nach New York?	How much is your _____ to New York?
Darf ich das nächste **Mal** mitkommen?	May I come with you next _____ ?
Unser Urlaub war **etwas** zu kurz.	Our holiday was _____ too short.
Lass uns mit der **U-Bahn** fahren.	Let's go by _____ .
So viele Autos! Diese Straße ist **gefährlich**.	So many cars! This road is _____ .
Diese Autos sind zu **schnell**.	These cars are too _____ .
Die Züge in England sind manchmal **langsam**.	Trains in England are sometimes _____ .
Was ist **das Beste** am Film?	What's _____ about the film?
Ich mochte die **Gebäude** in New York.	I liked the _____ in New York.
Wir sind mit dem **Fahrstuhl** nach oben gefahren.	We took the _____ to the top.
Wir hatten eine **unglaubliche** Aussicht.	We had an _____ view.
Von oben kann man **meilenweit** sehen.	You can see _____ from the top.
Wie viele Meter hat eine **Meile**?	How many metres are there in a _____ ?

3 Crossword

Trage in das Rätsel die simple past-Formen der angegebenen Verben ein.

Haufig brauchst du nur *-ed* anzuhängen, um die simple past zu bilden.

Aber Vorsicht! Die unregelmäßigen Vergangenheitsformen solltest du extra lernen.

Hier kannst du das schon mal üben …

Across →

1 get	14 hurt
4 ride	16 drink
6 go	18 do
8 eat	19 throw
10 meet	
12 sit	
13 have	

Down ↓

1 give	10 make
2 take	11 tell
3 see	12 swim
4 run	14 hear
5 come	15 read
7 teach	17 know
9 put	

New words ▶ p. 13

Ich sitze **im hinteren Teil** des Klassenzimmers.	I sit _____ of the classroom.
Das geht dich gar nichts an.	_____ .
Nachdem er gefrühstückt hatte, ging er zur Schule.	_____ he had breakfast he went to school.
Ich muss mich verabschieden, **bevor** ich gehe.	I have to say goodbye _____ I go.
Ich will nicht **unhöflich** sein.	I don't want to be _____ .

4 Scrambled words

Finde in den Buchstabenrätseln die fehlenden Gebäude oder Bauwerke und vervollständige die Sätze.

1 On Sundays some people go to ★. ___ ___ ___ ___ ___ ___   CCHHRU
2 There's a new play at the ★. ___ ___ ___ ___ ___ ___ ___   TAHERET
3 Does that ★ sell fruit? ___ ___ ___ ___   HOPS
4 Dan and his friends go to Cotham ★. ___ ___ ___ ___ ___   CHLOOS
5 Yesterday we climbed Cabot ★. ___ ___ ___ ___ ___   TEORW
6 The boat trip ends at the next ★. ___ ___ ___ ___ ___ ___   BDEGIR
7 Do I get off the train at this ★? ___ ___ ___ ___ ___ ___ ___   SINOATT
8 There are lots of books in this ★. ___ ___ ___ ___ ___ ___ ___   LABIRRY
9 How much are the tickets for the ★? ___ ___ ___ ___ ___ ___   MEUMSU
10 Sophie lives in a big ★ in Bristol. ___ ___ ___ ___ ___   EHOSU

The secret word is ___ ___ ___ ___ ___ ___ ___ ___ ___ ___

5 The fourth word

Welches Wort wird hier gesucht?

1 left – right / background – _____
2 full – empty / fast – _____
3 before – after / in front of – _____
4 hand – finger / foot – _____
5 they – their / she – _____
6 bird – cage / rabbit – _____

6 Odd word out

Ein Wort passt nicht. Finde und unterstreiche es.

1 good – fantastic – <u>dangerous</u> – great
2 table – bedroom – wardrobe – desk
3 chicken – cheese – bread – cooker
4 cat – children – mice – women
5 loud – climb – follow – help
6 theatre – church – bike – library
7 badminton – table tennis – cards – basketball
8 knew – go – taught – met

7 Word search

Finde 20 Adjektive im Gitter und bilde 10 Gegensatzpaare. (↓ →)

E	A	S	Y	N	I	C	E	V	J	R	I
S	W	A	R	M	D	B	A	D	N	O	N
G	B	O	R	I	N	G	G	R	E	A	T
O	N	N	R	O	V	E	S	U	R	D	E
O	F	C	O	L	D	C	Z	E	U	I	R
D	T	O	W	O	N	O	N	D	D	F	E
N	Q	U	I	E	T	O	Z	C	E	F	S
T	E	R	R	I	B	L	E	F	V	I	T
G	W	R	O	N	G	L	N	A	O	C	I
N	R	I	G	H	T	H	M	S	G	U	N
S	L	O	W	L	W	O	K	T	N	L	G
L	O	U	D	Y	K	T	R	D	H	T	O

1 interesting — boring
2 ___ ___ ___ ___ t — ___ ___ r ___ ___ ___ ___
3 ___ o ___ ___ — ___ ___ d ___
4 ___ ___ ___ ___ y — d ___ ___ ___ ___ ___ ___ ___ ___
5 q ___ ___ ___ ___ ___ — ___ ___ u ___
6 ___ ___ t ___ — c ___ ___ ___
7 ___ ___ c ___ — ___ ___ d ___
8 ___ ___ g ___ ___ — ___ r ___ ___ ___
9 ___ ___ o ___ — w ___ ___ ___
10 ___ ___ ___ t ___ — ___ ___ ___ w

8 Word snail

Übersetze die Wörter ins Englische. Trage die englischen Wörter in die Wortschnecke ein. Die Anfangsbuchstaben in der Schnecke helfen dir.

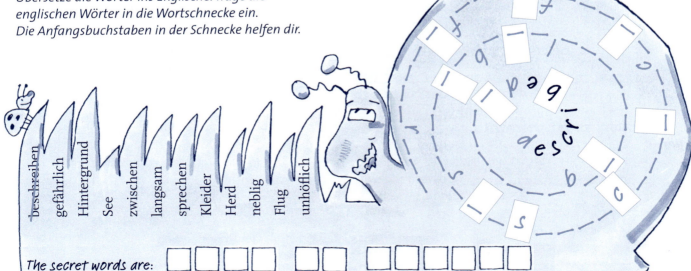

beschreiben · gefährlich · Hintergrund · See · zwischen · langsam · sprechen · Kleider · Herd · neblig · Flug · unhöflich

The secret words are: ☐☐☐☐☐ ☐☐ ☐☐☐☐☐☐☐

12 **1**

New words ▶ pp. 14 – 20

Glaubst du das wirklich? _____

Ich will im Bett bleiben. – **Kommt nicht in Frage!**   I want to stay in bed. – _____

Ach komm – ich bin heute so müde.   _____ – I'm so tired today.

Steh auf, oder du **kriegst Ärger.**   Get up, or you're _____ .

Du bist ein echter **Held**, wenn du mir hilfst.   You're a real _____ if you help me.

Jack, bitte **beruhige dich!**   Jack, please _____ .

Warum **wirst** du immer so **wütend?**   Why do you always _____ so _____ ?

Warum ist er so **böse auf** uns?   Why is he so _____ us?

Es gibt **nichts** mehr zu sagen.   There's _____ more to say.

Warum magst du keine **Rollenspiele?**   Why don't you like _____ ?

Ich muss die **Vokallaute** üben.   I have to practise the _____ .

Welche **Bindewörter** kennt ihr?   Which _____ do you know?

Ist **Frau** Smith verheiratet?   Is _____ Smith married?

Wie lang ist die Mittagspause? – Eine **Stunde.**   How long is the lunch break? One _____ .

Unser Lehrer ist eine sehr freundliche **Person.**   Our teacher is a very friendly _____ .

Warum **ist** das Licht **an?** Es ist nicht sehr dunkel.   Why _____ the light _____ ? It isn't very dark.

Frage jemanden, der Englisch spricht.   _____ speaks English.

9 Picture puzzle

Finde 8 weitere Dinge.

bell _____

_____

_____

_____

_____

_____

_____

10 Plurals

Vervollständige die Tabelle.

	German	Singular	Plural
1	Mann	man	men
2		life	
3	Zahn		
4		child	

Krokodil, crocodile, crocodiles

	German	Singular	Plural
5	Frau		
6		hero	
7			mice
8	Fuß		

11 Word ladder

Bewege dich von Sprosse zu Sprosse, um nach oben zu kommen.
Bei jeder Sprosse darfst du nur einen Buchstaben ändern.

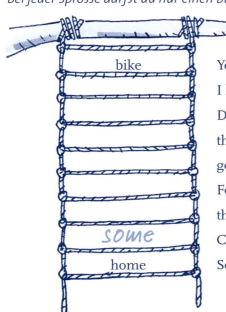

- bike — You can ride a horse or a ★.
- — I hate winter, but I really ★ summer.
- — Dan and Jo ★ at 7 Hamilton Street in Bristol.
- — the opposite of 'take'
- — go – went / give – ★
- — Football, hockey and tennis are ★s.
- — the opposite of 'different'
- some — Can I have ★ milk, please?
- home — Sorry. Dan isn't at ★. Please call again later.

12 Lost words

Vervollständige die Sätze mit jeweils einem Wort aus dem rechten oder linken Hantelgewicht.

1 I can't sleep when the *light* 's *on*.

2 Would you like to go _____ a _____ in the park?

3 If you don't want to walk, we can go _____ _____ .

4 Do you like the photo at the _____ _____ the page?

5 Please _____ _____ . There's no reason to shout.

6 Sophie is _____ _____ because she hasn't got her homework.

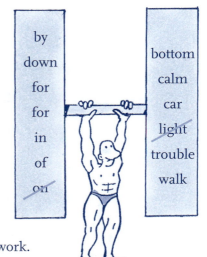

Left weight: by, down, for, for, in, of, ~~on~~

Right weight: bottom, calm, car, ~~light~~, trouble, walk

14 **1**

New words ▸ pp. 22–23

Sie **rettete** das Leben des kleinen Mädchens.	She _____ the little girl's life.
Der Räuber kam **durch** das Fenster hinein.	The robber came in _____ the window.
Ein **Etagenbett**! Ich will oben schlafen.	A _____ ! I want to sleep at the top.
Ich sah ihn nicht, aber ich **konnte** ihn hören.	I didn't see him, but I _____ hear him.
Kannst du bitte mein Handy **holen**?	Can you _____ my mobile please?
Na los, hilf mir!	_____ , help me!
Guck! Es ist wieder **Ebbe**.	Look! The _____ is _____ again.
Er ging an mir **vorbei** und sagte nichts.	He walked _____ me and said nothing.
Schau, sie **winkt** uns zu.	Look she'_____ at us.
Es sind nur **ein paar** Leute am Strand.	There are only _____ people on the beach.
Ist alles **in Ordnung**?	Is everything _____ ?
Ja, aber ich hätte **beinahe** einen Fehler gemacht.	Yes, but I _____ made a mistake.
Bitte **fahr** nicht so schnell.	Please don't _____ so fast.
Besuch uns bald mal wieder!	Come and _____ us again soon!
Ich **weiß** nichts **über** indische Musik.	I _____ nothing _____ Indian music.
Ich mag Geschichten mit einem **Happyend**.	I like stories with a _____ .
Jo kam **rechtzeitig**, aber Dan war zu spät.	Jo came _____ , but Dan was lat-
Wir können heute nicht **surfen gehen**.	We can't _____ today.
Ich habe mein **Surfbrett** nicht dabei.	I haven't got my _____ with me.
Das war eine **spannende** Geschichte.	That was an _____ story.

13 Spot the mistakes

In jedem Satz sind zwei Fehler. Unterstreiche und korrigiere sie.

1 What time is your <u>flait</u> too New York?   *flight* _____ _____

2 My father usually gos to work bai bus.   _____ _____

3 Can you sea the children on the park?   _____ _____

4 I haven't got match money, only a fju pounds.   _____ _____

14 Word groups

Trage die Wörter aus der Wiese in die richtige Blume ein.

act   bike   boat   bus   car   collect stamps   ears   eyes   face   go surfing
go swimming   hair   make models   mouth   nose   plane   play
play the guitar   rehearse   skate   scene   ship   show   teeth   ticket   train

15 Word web

Vervollständige das Spinnennetz. Alle Lösungswörter haben 4 bis 6 Buchstaben und enden auf -R.

1. the opposite of 'before'
2. the opposite of 'question'
3. You can drink ★ or you can wash with it.
4. Blue is my favourite ★.
5. I don't play the piano, but I play the ★.
6. German students don't usually ★ uniforms.
7. adjective – dangerous / noun – ★.
8. You have it on your head.
9. Are your mother and ★ divorced?
10. There are 60 minutes in an ★.
11. 'A' is the first ★ in the alphabet.
12. '27' is a ★.

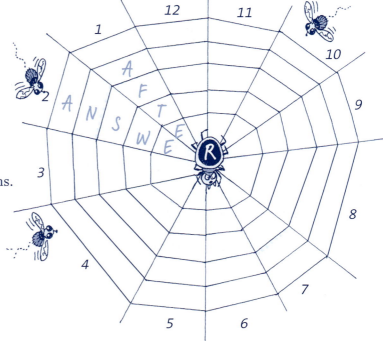

Unit 2

New words ▸ pp. 26 – 27

Wieviel **Taschengeld** bekommst du?	How much _____ do you get?
Nimm deine Hände aus deinen **Taschen**!	Take your hands out of your _____ !
Ich **gebe** nicht viel Geld **für** Süßigkeiten **aus**.	I don't _____ much money _____ sweets.
Ich **spare** für ein neues Fahrrad.	I'_____ for a new bike.
Kennst du die Ergebnisse der **Umfrage**?	Do you know the results of the _____ ?
Ich kann diese **Bluse** nicht tragen.	I can't wear this _____ .
Aber die **Baseball-Mütze** sieht nett aus.	But the _____ looks nice.
Lass uns ins Theater oder ins **Kino** gehen.	Let's go to the theatre or the _____ .
Deine neue **Jacke** gefällt mir.	I like your new _____ .
Warum trägst du nie **Make-up**?	Why do you never wear _____ ?
Ist dieser **Pullover** neu?	Is this _____ new?
Nein, aber der **Rock** ist neu.	No, but the _____ is new.
Ich kann meine **Sportsachen** nicht finden	I can't find my _____ .
Ich muss heute **ein Paar** Schuhe kaufen.	I have to buy _____ shoes today.
Bitte zieh deine **Sportschuhe** aus.	Please take your _____ off.
Deine **Hosen** sind auch schmutzig.	Your _____ are dirty too.

1 Scrambled words: clothes

Löse die Buchstabenrätsel, um Kleidungsstücke zu finden. Trage die deutschen Übersetzungen ein. Die markierten Buchstaben ergeben das „geheime Wort".

triks	S ___ ___ ___ ___	ROCK	S
swateihrst	___ ___ ___ ___ ___ ___ ___ ___		
tersours	___ ___ ___ ___ ___ ___ ___		
pelloruv	___ ___ ___ ___ ___ ___ ___		
jetcak	___ ___ ___ ___ ___		
tarreins	___ ___ ___ ___ ___ ___ ___		

2 Word search

Im Rätsel sind 16 Dinge versteckt, die du in einem Haus finden kannst. (↓ →)

bathroom

D	C	S	C	P	T	C	H	A	I	R	B
O	D	H	R	F	S	T	A	I	R	S	E
O	I	O	B	K	I	T	C	H	E	N	D
R	S	W	A	R	D	R	O	B	E	J	W
O	H	E	Q				C	J	U	I	
C	W	R	E				U	P	M	N	
O	A	M	D				P	T	S	D	
O	S	B	N				B	O	H	O	
K	H	F	R	I	D	G	E	O	I	E	W
E	E	N	U	U	J	G	D	A	L	L	P
R	R	W	C	L	O	C	K	R	E	F	E
B	A	T	H	R	O	O	M	D	T	P	H

3 Word snake

Finde die unregelmäßigen simple past-Formen in der Schlange. Trage sie und ihre Infinitivformen unten ein.

1 heard — hear
2 ___ ___
3 ___ ___
4 ___ ___
5 ___ ___
6 ___ ___
7 ___ ___
8 ___ ___
9 ___ ___
10 ___ ___

18 **2**

New words ▸ p. 28

Was ist los, Dan?	_____ , Dan?
Mein neuer Pullover sieht **furchtbar** aus.	My new pullover looks _____ .
Meiner sieht auch schrecklich aus!	_____ looks terrible too!
Jeder weiß, dass ich grün gar nicht mag.	_____ knows that I hate green.
Geh weg – ich **habe die Nase voll von** dir.	Go away –I'_____ you.
Ich **verliere** oft meine Füller und Bleistifte.	I often _____ my pens and pencils.
Wessen Geld ist das?	_____ money is this?
Als es regnete, **verschwand** der Schnee.	When it rained, the snow _____ .
Du bist **genau wie** dein Bruder.	You're _____ your brother.
Hat deine Familie ein großes Auto, Sophie?	Does your family _____ a big car, Sophie?
Ich bin fertig. – **Schön!** Dann können wir gehen.	I'm ready. – _____ ! Then we can go.
Wir haben morgen einen Mathe**test**.	We have a Maths _____ tomorrow.

4 Lost words

Ergänze die Sätze mit den Wörtern aus den Luftballons.

1 That isn't Sophie's jacket. _Hers_ is on the chair.

2 Ananda and Dilip! Are these magazines _____ ?

3 This can't be my MP3 player – _____ is small and black.

4 That isn't Dan and Jo's ball – _____ is over there in the corner.

5 He took my phone number and gave me _____ .

6 If you haven't got a football, we can give you _____ .

mine
theirs
his
yours
ours
hers

5 The fourth word

Welches Wort fehlt hier?

1 play – theatre / film – _____

2 drive – drove / lose – _____

3 nothing – something / nobody – _____

4 bike – ride / car – _____

5 child – children / hero – _____

6 win – won / spend – _____

New words ► p. 29

Ich kann dir helfen, wenn du ein **Problem** hast.	I can help you if you've got a _____ .
Er hörte mich und **schaute auf**.	He heard me and _____ .
Ich brauche drei Klebestifte. – **Wofür?**	I need three glue sticks. – _____ ?
Treffen wir uns später. Im **Moment** bin ich müde.	Let's meet later. I'm tired at the _____ .
Ich will keine **billigen** Turnschuhe haben.	I don't want any _____ trainers.
Meine **alten** waren sehr teuer.	My _____ were very expensive.
Sind die alten wirklich zu **klein** für dich?	Are the old ones really too _____ for you?
Ich bin zwölf. Ich **wachse** noch.	I'm twelve. I'_____ still _____ .
Dan hat **mehr** DVDs **als ich**.	Dan has got _____ DVDs _____ .
Jo **zeigte auf** den Bus. „Beeil dich!" sagte er.	Jo _____ the bus. 'Hurry!' he said.

6 Words with different meanings

*Finde die passenden Wörter zu den Paaren 1–10
auf den Zetteln und trage sie ein.
Unterstreiche die deutschen Entsprechungen.*

> Denkt daran!
> Manche Wörter haben
> mehr als eine
> Bedeutung.

1
a) ein Leben retten
b) Geld sparen
save

4
a) die richtige Antwort
b) auf der rechten Seite

6
a) ein freier Tag
b) eine kostenlose Eintrittskarte

7
a) genau wie du
b) nur aus Spaß

2
a) neue Leute kennen lernen
b) sich jede Woche treffen

free
look
save
cool
know
show
right
just
present
meet

8
a) in der Gegenwart
b) ein schönes Geschenk

9
a) ein cooles T-shirt
b) kühles Wetter

3
a) die Antwort wissen
b) nette Leute kennen

5
a) eine großartige Show
b) Hausaufgaben dem Lehrer zeigen

10
a) hübsch aussehen
b) aus dem Fenster schauen

2

New words ▶ p. 30

Schreib mir eine Postkarte oder einen **Brief**.	Write me a postcard or a _____.
Es ist so warm in der Karibik, **sogar** im Winter.	It's so warm in the Caribbean, _____ in winter.
Die Strände sind **voller als** in Deutschland.	The beaches are _____ in Germany.
Dieser Strand ist immer am **vollsten**.	This beach is always _____.
Ich brauche dieses **Zeug** nicht. Wirf es weg!	I don't need this _____ Throw it away!
Ein neues Spiel! Das ist eine nette **Überraschung**.	A new game! That's a nice _____.
Es ist aber nicht **so** spannend **wie** das alte.	But it isn't _____ exciting _____ the old one.

7 What are the words?

Lies die Informationen und vervollständige die Sätze. Benutze die richtige Form eines Wortes aus der Box.

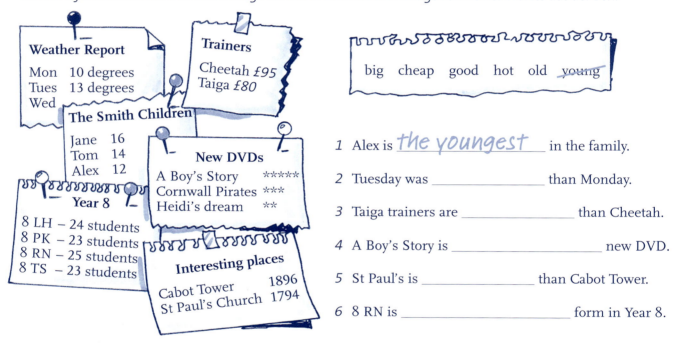

big   cheap   good   hot   old   ~~young~~

1 Alex is **the youngest** in the family.
2 Tuesday was _____ than Monday.
3 Taiga trainers are _____ than Cheetah.
4 A Boy's Story is _____ new DVD.
5 St Paul's is _____ than Cabot Tower.
6 8 RN is _____ form in Year 8.

8 Bits and pieces

Setze die Bruchstücke zusammen, um Wörter zu bilden Übersetze sie ins Deutsche.

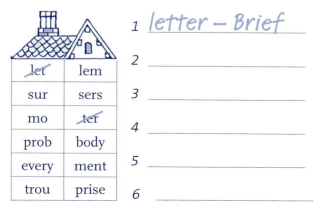

1 letter – Brief
2 _____
3 _____
4 _____
5 _____
6 _____
7 _____
8 _____
9 _____
10 _____
11 _____
12 _____

New words ▶ pp. 31-37

Zieh bitte deine Jacke **an**, bevor du gehst.	Please _____ your jacket before you go.
Zieh deine Stiefel **aus**, bevor du hereinkommst!	_____ your boots before you come in!
Mathe ist **langweiliger** als Geschichte.	Maths is _____ than history.
Das **langweiligste** Schulfach ist Sport.	The _____ subject is PE.
Wohlfahrtsorganisationen helfen arme Menschen.	_____ help poor people.
Recycling ist eine gute Sache.	_____ is a good thing.
Wir verwenden nur **recyceltes** Papier.	We only use _____ paper.
Ich **stimme** dir **zu** – es ist eine gute Sache.	I _____ you – it's a good thing.
Wir warteten **ungefähr** eine Stunde.	We waited for _____ an hour.
Wie viele **Punkte** hat unsere Mannschaft?	How many _____ has our team got?

9 Word friends

a) Ordne die Wörter auf der Wiese dem richtigen Verb zu.

do   have   make

the bed   tricks   an idea   a mistake   a drink
an exercise   a noise   fun   a film   sport   a project   a party

b) Welche Kombinationen aus a) passen in die Lücken?

1 We must be quiet, so please don't _____ .

2 May I _____ ? – I'm very thirsty.

3 Do you _____ at school? – Yes, we play football on Wednesdays.

4 What can we do tomorrow? – I _____ ! Let's go to the cinema.

5 I'm going to John's party now. – OK. _____ , but don't be late.

New words ▸ pp. 38 - 39

Lasst uns zur **Mode**schau gehen.	Let's go to the _____ show.
Wollt ihr bei uns **mitmachen**?	Do you want to _____ us?
Kann ich der **Moderator** sein?	Can I be the _____ ?
Sophie rannte **hinüber zur** Bühne.	Sophie ran _____ the stage.
Sie **liebt** Modeschauen.	She _____ fashion shows.
Musik ist meine große **Liebe**.	Music is my big _____ .
Sei **vorsichtig**, wenn du dieses Kleid anziehst.	Be _____ when you put on this dress.
Meine Mutter **entwarf** es letztes Jahr.	My mum _____ it last year.
Was hältst du von diesem **Hut**?	What to you think about this _____ ?
Furchtbar! Schau einfach in den **Spiegel**.	Awful! Just look in the _____ .
Gibt es keinen Stuhl? Ich möchte nicht **stehen**.	Isn't there a chair? I don't want to _____ .
Bitte **beeil dich**! Die Show beginnt.	Please _____ ! The show is starting.
Jo fiel vom Bett und **landete** auf dem Fußboden.	Jo fell off the bed and _____ on the floor.
Wie kann ich mich **auf** den Test **vorbereiten**?	How can I _____ the test?
Dan war **verwirrt**. Warum war Jo nicht zu Hause?	Dan was _____ . Why wasn't Jo at home?
Bitte wirf die alten Sachen in die **Mülltonne**.	Please throw the old things in the _____ .
Verstehst du meinen **Standpunkt**?	Do you understand my _____ ?

10 Opposites

Trage das Gegenteil der fett gedruckten Wörter in die Lücken ein.

1 a **white** / *black* cat

2 We **hate** / _____ school.

3 **Put on** / _____ your coat!

4 a **small** / _____ house

5 **expensive** / _____ clothes

6 We **lost** / _____ the match.

7 the **best** / _____ essay

8 I **lost** / _____ my mobile.

9 **boring** / _____ lessons

10 **before** / _____ breakfast

11 a **slow** / _____ train

12 at the **bottom** / at the _____ of the page

13 in the **foreground** / in the _____

14 a **hot** / _____ day

11 Pronunciation

*Vervollständige die Listen mit Wörtern aus der Box.
In jeder Liste müssen sich die Wörter reimen.*

Markiere für jede Liste das passende Lautschriftsymbol.

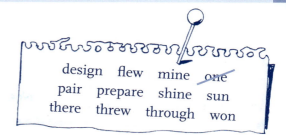

design   flew   mine   one
pair   prepare   shine   sun
there   threw   through   won

1		2		3		4	
one	aɪ	fair	aɪ	___	aɪ	___	aɪ
run	(ʌ)	___	ʌ	fine	ʌ	___	ʌ
___	eə	___	eə	___	eə	___	eə
___	uː	___	uː	___	uː	who	uː

Ordne die Lautschrift dem Wort zu.

1 ˈkʌntri	bunk	4 ˈsteəz	stairs	7 dɪˈskraɪb	describe	10 ruːd	cool
2 sʌn	country	5 skeəd	careful	8 aɪ	island	11 kuːl	grew
3 bʌŋk	son	6 ˈkeəfl	scared	9 ˈaɪlənd	eye	12 gruː	rude

*Ordne die englischen Wörter der Lautschrift zu,
um den „geheimen Satz" zu finden.*

the   where   on   be
always   an   like   I'd
to   shines   island – sun

___ ___ ___ ___ ___ ___ ___ ___ ___ ___
aɪd laɪk tə biː ɒn ən -ˈaɪlənd weə ðə sʌn

___ ___ .
ˈɔːlweɪz ʃaɪnz

12 Word groups

*Übersetze die deutschen Wörter in der Box ins Englische
und füge sie in die richtige Wortgruppe ein.*

food	clothes	pets
cheese		

Kartoffel   Katze   Käse   Hemd
Hühnchen   Kleid   Maus
Würstchen   Schuhe
Oberteil   Stiefel   Papagei   Hund
Meerschweinchen   Pommes Frites

Unit 3

New words ▶ pp. 42–43

Heute sprechen wir über **Tiere**.	Today we're talking about _____ .
Füchse sind sehr schlau.	_____ are very clever.
Das ist eine **Sendereihe** über **wilde** Tiere.	This is a _____ about _____ animals.
Manche Tiere **überleben** den Winter nicht.	Some animals don't _____ the winter.
Ja, das **Überleben** ist im Winter nicht einfach.	Yes, _____ isn't easy in winter.
Es gab einen Bericht darüber auf **Kanal** 4.	There was a report on it on _____ 4.
Von hier kannst du manchmal **Rehe** sehen.	From here you can sometimes see _____ .
Kannst du auch die **Spechte** hören?	Can you hear the _____ too?
Ist das ein rotes oder ein **graues Eichhörnchen**?	Is that a red or a _____ ?
Hilfe, wir haben einen **Maulwurf** im Garten.	Help, we've got a _____ in our garden.
Nein, ich glaube es ist ein **Igel**.	No I think it's a _____ .
Es sind viele **Frösche** in der Nähe des Sees.	There are lots of _____ near the lake.
Das war ein interessantes **Interview**.	That was an interesting _____ .

1 Scrambled words: pets

Welche Tiere sind das?
Die markierten Buchstaben ergeben ein weiteres Tier.

1 gaeuin gip   g u i n e a   p i g
2 rabtib   _ _ _ _ _ _
3 sifh   _ _ _ _
4 toeiorst   _ _ _ _ _ _ _
5 heros   _ _ _ _ _
6 odg   _ _ _
7 bueigd   _ _ _ _ _ _
8 haremts   _ _ _ _ _ _ _

The 'secret pet' is a _____

2 Word search: wild animals

Finde sieben Tiere. Übersetze sie ins Deutsche. (↓ →)

H	I	W	W	V
E	S	R	F	O	X
D	Q	F	R	O	G
G	U	M	G	D	Y
E	I	O	L	P	E
H	R	L	B	E	E
O	R	E	U	C	M
G	E	J	B	K	R
R	L	O	E	E	P
S	D	E	E	R	D

fox – Fuchs
_____
_____
_____
_____
_____
_____

New words ▶ p. 44

Tu bitte den Müll in die **Mülltonne**.	Please put the rubbish into the _____ .
Du **wirst frieren** ohne Pullover.	You'_____ without a pullover.
Es ist aber warm – ich **werde nicht frieren**.	But it's warm – I _____ .
Unsere Fahrräder stehen auf dem **Hof**.	Our bikes are in the _____ .
Ein Paket! Es ist **wahrscheinlich** ein Geschenk.	A parcel! It's _____ a present.
Bitte vergiss nicht Sophie **anzumailen**.	Please don't forget to _____ Sophie.
Wir sollten **uns hinsetzen** und darüber sprechen.	Let's _____ and talk about it.
Kannst du den **Mond** hinter den Wolken sehen?	Can you see the _____ behind the clouds?

3 Word snail

Trage die simple past-Formen der angegebenen deutschen Wörter in die Schnecke ein. Die Anfangsbuchstaben in der Schnecke helfen dir.

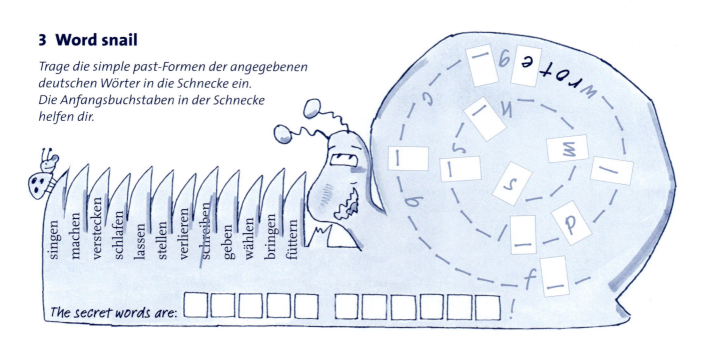

singen, machen, verstecken, schlafen, lassen, stellen, verlieren, schreiben, geben, wählen, bringen, füttern

The secret words are: ☐☐☐☐☐☐ ☐☐☐☐☐☐☐ !

4 Word ladder

Gehe von unten nach oben, indem du bei jeder Sprosse einen Buchstaben veränderst.

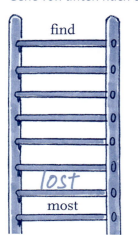

find
...
lost
most

Where's my key? I can't ★ it.
Is the weather OK? – Yes, it's ★.
A foot has got ★ toes.
Dan and Jo ★ in Bristol.
'★' is the opposite of 'hate'.
Here's the money. Don't ★ it!
I ★ my mobile yesterday, but I found it again.
★ people are happy when the sun shines.

3

New words ▶ p. 45

Vielen Dank für deine Hilfe.	_____ for your help.
Ruf mich an, **falls** du mich nochmals brauchst.	Call me _____ you need me again.
Sophie ist **krank**. Sie bleibt heute im Bett.	Sophie's _____ . She's staying in bed today.
Dein Buch liegt auf dem Boden. **Heb** es bitte **auf**.	Your book's on the floor. Please _____ it ____ .
Englisch ist eine sehr **wichtige** Sprache.	English is a very _____ language.
Wie kann ich meine Füße warm **halten**?	How can I _____ my feet warm?
Nimm diese **Wärmeflasche**.	Take this _____ .
Morgen wird es dir wieder **gutgehen**.	You'll be _____ again tomorrow.
Kann ich dich morgen **besuchen**?	Can I _____ you tomorrow?
Fahr nach England, wenn du die **Chance** hast.	Go to England, if you have the _____ .
Ich gehe jetzt zur Tier**klinik**.	I'm going to the animal _____ now.
Ruf mich an, **sobald** du zurück bist.	Call me _____ you're back.

5 Definitions

Vervollständige die Definitionen mit Wörtern von der Tafel. Trage die richtigen Wörter aus den Seifenblasen in die rechte Spalte ein.

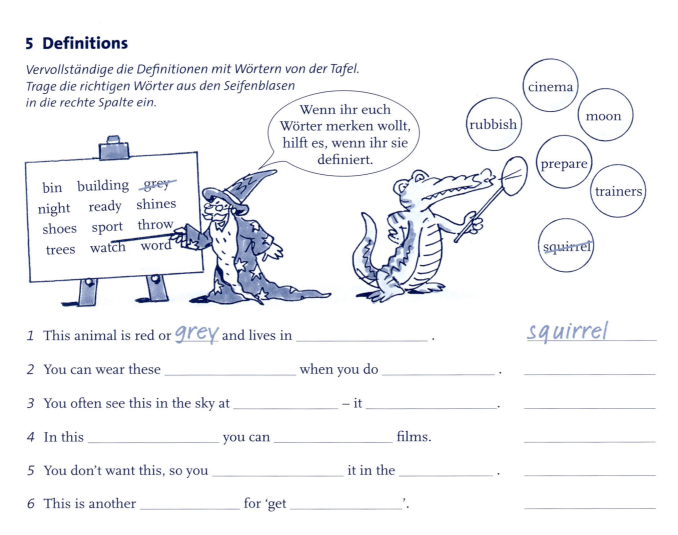

1 This animal is red or *grey* and lives in _____ . *squirrel*

2 You can wear these _____ when you do _____ . _____

3 You often see this in the sky at _____ – it _____ . _____

4 In this _____ you can _____ films. _____

5 You don't want this, so you _____ it in the _____ . _____

6 This is another _____ for 'get _____ '. _____

New words ▶ p. 46

Ich verstehe es nicht. **Erkläre** es mir!	I don't understand it. _____ it to me!
Das ist eine wirklich gute **Erklärung**.	That's a really good _____.
Stellt euch vor! Wir haben das Spiel gewonnen.	_____! We won the match.
Versuche, die Antwort zu **erraten**.	Try and _____ the answer.
Lass uns **in der Pause** draußen treffen.	Let's meet outside _____.
Ich wollte gehen, aber **gerade dann** kam Jo herein.	I wanted to go but _____ Jo came in.
Plötzlich **sprang** er aus dem Fenster.	Suddenly he _____ out of the window.
Es war ein **grauenhafter** Tag – kalt und regnerisch.	It was a _____ day – cold and rainy.
Steht das Auto draußen oder in der **Garage**?	Is the car outside or in the _____?
In der Garage wird es **sicher** sein.	It will be _____ in the garage.

6 Numbers and letters

Zu jeder Zahl gehört ein Buchstabe. Finde die Lösungswörter und dann den „geheimen Satz".

1 Please speak S̲ _ _ _ _ _ and _ _ _ _ R̲ _ _
         10 1 5 14 1 6   13 1 18 3 11 1 6

2 Sophie shouted _ _ _ _ _ _ _ at Dilip.
                 3 9 4 11 8 1 6

3 Dan and Jo called their dad and he came _ _ _ _ _ _ .
                                          12 2 8 13 15 1 6

4 The children played _ _ _ _ _ _ _ on the beach.
                      16 3 20 20 8 1 6

5 Ananda, please listen very C̲ _ _ _ _ _ _ _ .
                              13 3 11 18 19 2 1 6

6 Jack waited _ _ _ _ _ _ _ _ outside Mr Kingsley's room.
              9 18 11 7 5 2 10 1 6

7 Boys and girls, please don't sing this song so _ _ D̲ _ _ .
                                                 1 5 2 17 1 6

The secret sentence is:

_ _ _ _ _ _ _ _ _ _ _ _ _ _ _ _ _ _ _ _ _ _ _ _
17 3 17 3 1 14 3 6 10 17 11 8 7 18 10 10 1 5 14 1 6 3 9 17

_ _ _ _ _ _ _ _ _ _ _ _ _ _ _ _ _ .
13 3 11 18 19 2 1 6 5 9 11 3 8 9 6 17 3 6 10

28   3

New words ▸ pp. 47–52

Ananda, du **hast gute Arbeit geleistet**.	Ananda, you _____.
Ich kann sehr **gut** Englisch sprechen.	I can speak English very _____ .
Mein Handy ist **kaputt**. Ich brauche ein neues.	My mobile is _____ . I need a new one.
Lass uns heute in den **Wald** gehen.	Let's go to the _____ today.
Wir brauchen etwas **Holz** für das Feuer.	We need some _____ for the fire.
Wird es eine **schwere** Arbeit sein?	Will it be _____ work?
Ich möchte heute nicht **hart arbeiten**.	I don't want to _____ today.
Leider brauche ich deine Hilfe.	I need your help, _____ .
Es ist **ziemlich** kalt – mach bitte das Fenster zu.	It's _____ cold – please close the window.
Er **suchte** die Liste ab, um den Namen zu finden.	He _____ the list to find the name.
Haben diese Tiere viele **Feinde**?	Do these animals have many _____ ?
Unsere Lehrerin **bekam** letzten Monat **ein Baby**.	Last month our teacher _____ .
Die meisten Tiere haben Angst vor **Feuer**.	Most animals are afraid of _____ .
Ich kann meinen Lehrer **um** Hilfe **bitten**.	I can _____ my teacher _____ help.
Papa ist in der Küche – er **kocht** gerade.	Dad's in the kitchen – he' _____ .
Lass uns die **Nachrichten** im Fernsehen schauen.	Let's watch the _____ on television.
Dies ist eine Übung zur **Wortbildung**.	This is an exercise on _____ .

7 Picture puzzle

Welche Tiere erkennst du in der Zeichnung?

_____

_____

_____

_____

_____

_____

3 **29**

8 Spot the mistakes

In jedem Satz sind zwei Fehler. Unterstreiche und korrigiere sie.

1 There's a new <u>serie</u> of five programes about wild animals.   *series* _____

2 Their are more wild animals in the city then people think.   _____ _____

3 We don't see fokses very often in citys because they don't like us.   _____ _____

4 Ananda saw too baby hedgehogs near the dastbin.   _____ _____

5 Milk is not well for hedgehogs. They wants water.   _____ _____

9 Word groups

Übersetze die Wörter auf der Wiese. Schreibe die englischen Wörter in die passende Seifenblase.

Holidays

We went by ...   We stayed in a ...

car   *bed and ...*

_____   _____

_____   _____

_____

Clothes

Only for girls!   For girls and boys

blouse   _____

_____   _____

_____   _____

_____

_____

Weather

It was ...   Look at the ...

cold   *clouds*

_____   _____

_____   _____

_____

_____

Auto ~~Bluse~~ Flugzeug
Frühstückspension Hemd Hose Hotel Hut ~~kalt~~ Kleid kühl neblig Pullover Regen
Rock Schiff Schnee Schuhe Socken sonnig stürmisch windig ~~Wolken~~ Wohnwagen Zug

New words ▸ pp. 54–55

Mike ist wirklich kein **Engel**.	Mike really is no _____ .
Er **tyrannisiert** jüngere Schüler.	He _____ younger students.
Kannst du bitte den **Koffer packen**?	Can you _____ the _____ please?
Der Zug **fährt** um 8.30 Uhr nach London **ab**.	The train _____ for London at 8.30.
Er **verließ** das Zimmer und ging weg.	He _____ the room and went away.
Er **ließ** seine Tasche auf dem Tisch **zurück**.	He _____ his bag on the table.
Tim ist **traurig**, weil sein Hamster tot ist.	Tim is _____ because his hamster is dead.
Er wird den Hamster wirklich **vermissen**.	He'll really _____ the hamster.
Ich **versprach**, mein Zimmer aufzuräumen.	I _____ to tidy my room.
Jetzt ist alles **schön ordentlich**.	Everything is _____ now.
Jack sieht in seiner Uniform sehr **gepflegt** aus.	Jack looks very _____ in his uniform.
Sein Zimmer sieht sehr **aufgeräumt** aus.	His room looks very _____ .
Sei ein **Schatz** und räum dein Zimmer auf.	Be a _____ and tidy your room.
Ich bin so traurig – mein **Herz** ist gebrochen.	I'm so sad – my _____ is broken.
Wir müssen aus dieser Wohnung **ausziehen**.	We have to _____ of this flat.
Warum **zieht** ihr nicht **nach** London?	Why don't you _____ London?
Zählt mal euer Geld bitte.	_____ your money please.
Ihr müsst euch eine **Rückfahrkarte** kaufen.	You have to buy a _____ .
Oje, wir haben nicht genug Geld.	_____ ! We haven't got enough money.
Wir haben überall **nach** Geld **gesucht**.	We _____ _____ money everywhere.
Du darfst auch hingehen – wenn du **brav** bist!	You can go too – if you're _____ !
Sophie **drehte sich um**, um mich anzuschauen.	Sophie _____ to look at me.
Dann ging langsam **auf** mich **zu**.	Then she walked slowly _____ me.
Sie ist ein sehr **schüchternes** Mädchen.	She's a very _____ girl.
Kannst du das neue Wort in **Zeile** 14 erklären?	Can you explain the new word in _____ 14?
Am Wochenende **fühle** ich mich immer **wohl**.	I always _____ good at weekends.

10 Crossword

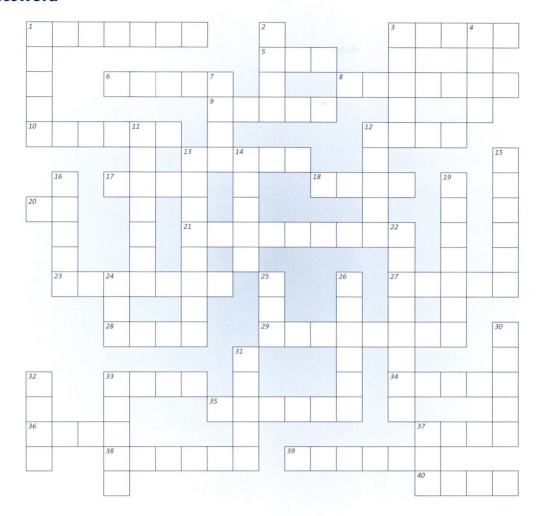

Across

1 A 'hotel' behind your car. (7)
3 Simple past of 'speak' (5)
5 Ananda can't go to school today because she's ★. (3)
6 sit – sat/stand – ★
8 Lots of people need them to see better. (7)
9 opposite of 'friend' (5)
10 You'll get 5 ★ for the right answer. (6)
12 opposite of 'fast' (4)
13 I ate biscuits and ★ milk. (5)
17 opposite of 'hate' (4)
18 After he got up Jack ★ the table for breakfast. (4)
20 take photos/★ sport (2)
21 Germany, France and Britain are European ★. (9)
23 You put rubbish in it. (7)
27 cloud – cloudy/rain – ★ (5)
28 simple past of 'wear'
29 opposite of 'boring'
33 simple past of 'feel'
34 Have you got a book ★ English dogs? (5)
35 do – did/buy – ★ (6)
36 a small green animal that can jump well (4)
37 60 minutes = 1 ★
38 a house for cars (6)
39 a place where you can see films (6)
40 Your room is always so neat and ★. (4)

Down

1 opposite of 'expensive' (5)
2 you – yours/me – ★
3 opposite of 'big' (5)
4 Jo didn't know the answer, but Dan ★ it. (4)
7 plural of 'deer' (4)
11 I ★ about the problem and then I found an answer. (7)
12 I hope the sun will ★ today. (5)
13 noun – description/ verb – ★
14 very bad, terrible
15 something – somebody/ nothing – ★
16 simple past of 'find'
19 The cupboard is empty – there's ★ in it.
22 verb – survive/noun – ★
24 simple past of 'see'
25 simple past of 'eat'
26 verb – fly/noun – ★
30 opposite of 'before'
31 simple past of 'choose'
32 American English: elevator British English: ★
33 You can't see very far on a ★ day. (5)
37 You wear it on your head.

Unit 4

New words ▸ p. 59

Dieses Dorf ist sehr **sauber**.	This village is very _____ .
Und es gibt so viele **Kühe** hier.	And there are so many _____ here.
Einige Städte sind so **schmutzig**!	Some cities are so _____ .
Oft gibt es viele **Fabriken** dort.	There are often lots of _____ there.
Unsere Freunde leben auf einem **Bauernhof**.	Our friends live on a _____ .
Jetzt spielen sie **auf dem Feld**.	Now they're playing _____ .
Ein Spaziergang im **Wald** ist auch schön.	A walk in the _____ is nice too.
Die **Hügel** sind nicht weit von hier.	The _____ aren't far from here.
In London ist viel **Verkehr**.	There's lots of _____ in London.
Deshalb ist es immer so **laut**.	That's why it's always so _____ .
Können wir in diesem **Fluss** schwimmen?	Can we swim in this _____ ?
Es Gibt viele **Schafe** im **Tal**.	There are lots of _____ in the _____ .
Dan kann seinen **Schlafanzug** nicht finden.	Dan can't find his _____ .

1 What's the word: *in* or *on*?

Füge in oder on in die Lücken ein.
Trage die passende deutsche
Präposition in die Tabelle ein.

> Hey Wordmaster ...
> *in the kitchen* heißt doch *in der Küche*
> aber *in the field* heißt **auf dem Feld**.
> Sehr witzig!

> Ja Ken. Präpositionen sind schwer! So hilft es oft, wenn du Präposition und Nomen zusammen lernst.

1 We live ___*in*___ a big city.   ___*in*___ einer großen Stadt

2 But our friends live _____ the country.   _____ dem Land

3 Can you write it _____ the board, please?   _____ die Tafel

4 The twins are _____ the train now.   _____ Zug

5 Look at all those clouds _____ the sky.   _____ Himmel

6 Ananda is talking to Sophie _____*on*___ the phone.   ___*am*___ Telefon

7 It's raining now, but we can meet _____ the afternoon.   _____ Nachmittag

8 Let's listen to the weather report _____ the radio.   _____ Radio

New words ▸ p. 60

Die Pizza **riecht** großartig.	The pizza _____ great.
Gestern hatten wir **walisisches** Essen.	Yesterday we had _____ food.
Die **Suppe** war sehr gut.	The _____ was very good.
Ich würde gerne ins **Eisenbahn**museum gehen.	I'd like to go to the _____ museum.
Das ist langweilig. Lasst uns ein **Picknick** machen.	That's boring. Let's go for a _____ .
Das **Schloss** ist eine große **Attraktion**.	The _____ is a big _____ .
Wie groß ist ein **Fußballfeld**?	How big is a _____ ?
Lass uns **ganz** um die Burg **herum**gehen.	Let's walk _____ the castle.
Ich fürchte, wir werden unseren Zug **verpassen**.	I'm afraid we'll _____ our train.
Bitte lest auch den nächsten **Absatz**.	Please read the next _____ too.

2 Word families

Vervollständige die Tabelle. Benutze dann fünf Wörter aus der fertigen Tabelle, um die Sätze zu ergänzen.

Verb	visit			describe	answer		
Noun	visit	explanation	flight			glue	painter

1 Can you _____ this word, please? I don't understand it.

2 Do you remember your first _____ to a museum?

3 Do you want to _____ to London? Or is it faster to go by train?

4 I really like his pictures. He's a fantastic _____ .

5 The old woman gave the police a very good _____ of the bank robber.

3 Odd word out

Ein Wort passt nicht. Finde und unterstreiche es.

1 hamburger – pizza – picnic – soup

2 smell – hear – see – paint

3 river – tower – bridge – castle

4 Welsh – French – Germany – English

5 chicken – farm – cow – sheep

6 rhino – hippo – camel – woodpecker

7 kitchen – bathroom – hall – yard

8 noise – awful – horrible – terrible

New words ▶ p. 61

Ich habe mein Zimmer **schon** sauber gemacht.	I've _____ cleaned my room.
Du hast **noch nicht** den Schreibtisch aufgeräumt.	You have__'__ tidied the desk _____ .
Ich habe **gerade** dieses Buch begonnen.	I've _____ started this book.
Ich habe Sandwiches **gemacht**. Willst du eins?	I've _____ sandwiches. Do you want one?
Du kannst auch ein Stück **Pastete** haben.	You can have a piece of _____ too.
Hast du mein Mäppchen **gesehen**?	Have you _____ my pencil case?
Papa ist gerade nach Hause **gekommen**.	Dad has just _____ home.
Geht's dir heute wieder **gut**?	Are you _____ again today?

4 Word snake

Finde zehn Infinitive in der Wortschlange und ergänze die fehlenden Formen.

1 be _____ was _____ been _____
2 _____
3 _____
4 _____
5 _____
6 _____
7 _____
8 _____
9 _____
10 _____

5 Word friends

Welche Wörter passen zu dem, was die Maus gerade denkt? Finde für jede Maus die zwei richtigen Käsestücke.

6 The fourth word

Welches Wort fehlt hier?

1 bad – good / dirty – _____

2 food – feed / interview – _____

3 word – sentence / sentence – _____

4 slow – fast / quiet – _____

5 eyes – see / nose – _____

6 do – done / take – _____

7 cow – cows / sheep – _____

8 England – English / Wales – _____

7 Word mix

Bringe die Wörter in die richtige Reihenfolge.

1 Wales. on go holiday to Let's   *Let's go on holiday to Wales.*

2 are There old lots there. castles of   _____

3 mountains, and You'll see valleys. hills   _____

4 an place. interesting The railway is museum.   _____

5 Welsh Welsh. people speak Many   _____

6 speaks too. everybody English But   _____

7 the language! have So won't we problems with   _____

8 Hour glasses

Übersetze die Wörter und trage sie in die passende Sanduhr ein.

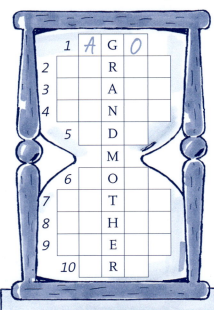

1 Bett – ~~vor~~
2 sich einigen – Füchse
3 leer – Strand
4 Salat – witzig, komisch
5 schlecht, schlimm – hinzufügen, ergänzen
6 Hund – war
7 beobachten – hasste
8 andere(r,s) – Geräusch, Lärm
9 Fußboden – Pause
10 Ende, Schluss – sind

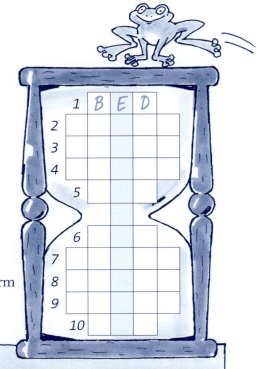

Das geheime Wort in der rechten Sanduhr heißt: Englisch _____

Deutsch _____

New words ▶ p. 62

Hat Dan **Fieber**?	Does Dan _____?
Die **Temperatur** heute ist ungefähr 19°.	The _____ today is about 19°.
Jo, kannst du ein **Thermometer** holen?	Jo, can you get a _____?
Dan hat auch **Halsschmerzen**.	Dan has got a _____ too.
Meine Augen **tun weh**.	My eyes _____.
Trink etwas Tee – er ist gut für deinen **Hals**.	Drink some tea – it's good for your_____.
Kannst du **mit dem** Kopf **nicken**?	Can you _____ head?
Nein, ich habe **Kopfschmerzen**.	No, I've got a _____.
Bitte **bewege** dich jetzt nicht.	Please don't _____ now.
Die **Sanitäter** sind schon hier.	The _____ are already here.
Ich habe scheckliche **Magenschmerzen**.	I've got ___ terrible _____.
Nein, du hast einen leeren **Magen**!	No, you've got an empty _____!

9 Word search: parts of the body

Finde 18 Wörter, die im Rätsel versteckt sind, und dann das „geheime" Wort. (↓ →)

arm

P	C	A	P	F	U	B	T	O	E	S
A	A	R	E	O	H	F	K	K	A	T
W	T	M	J	O	Y	I	N	J	R	O
S	O	T	U	T	V	N	E	H	X	M
H	O	F	A	C	E	G	E	H	Y	A
O	T	N	T	I	C	E	E	Y	E	C
U	H	O	H	A	M	R	Y	X	R	H
L	E	G	R	N	O	S	E	R	G	D
D	A	H	O	F	U	S	H	A	N	D
E	R	E	A	S	T	M	H	A	I	R
R	T	O	T	Q	H	E	A	D	O	Q

The secret word:

T _ _ _ M _ _ _ _ _ R

New words ▶ pp. 63–69

Hast du **jemals** einen Computer benutzt?	Have you _____ used a computer?
Ja, aber ich kann keine Software **installieren**.	Yes, but I can't _____ software.
Aber die **Installation** ist sehr einfach.	But the _____ is very easy.
Ich möchte jetzt **chatten**.	I'd like to _____ now.
Das wird mein erster **Chat** sein.	This will be my first _____.
Kannst du mir diese Seite **ausdrucken**?	Can you _____ this page for me?
Die Seite mit der **Anleitung**?	The page with the _____?
Auf Seite 10 **steht**, dass ich die Maus brauche.	It _____ on page 10 that I need the mouse.
Ja, du musst auf „Installieren" **klicken**.	Yes, you have to click on '_____'.
Dann kannst du deinen Namen **eingeben**.	Then you can _____ your name.
Und jetzt **schick** uns eine E-Mail.	And now _____ us an e-mail.
Was **bedeutet** dieses Wort?	What does this word _____?
Unsere Freunde kommen **aus ganz Wales**.	Our friends come _____.
Kannst du seinen walisischen **Akzent** verstehen?	Can you understand his Welsh _____?
Das „k" in „know" ist ein **stummer Buchstabe**.	The 'k' in 'know' is a _____.

10 Lost words

Ergänze die Sätze mit den Wörtern aus den Luftballons.

1 Are you new here? I've *never* seen you before.

2 We've been to London, but we haven't been to Wales _____.

3 I've _____ bought a new CD. Would you like to hear it?

4 I play football, but I've _____ played badminton.

5 Sorry, Jo isn't here. Oh, wait … he's _____ come through the door.

6 Have you seen the new film _____? It's really very good.

7 Jack, tidy your room now, please. I've _____ asked you three times.

8 Have you _____ visited the railway museum?

4

New words ▶ pp. 70 – 71

Dein Handy **klingelt**!	Your mobile's _____!
Wie passierte der **Unfall**?	How did the _____ happen?
Wir waren auf der falschen Straßen**seite**.	We were on the wrong _____ of the road.
Ein **Polizist** hielt uns an.	A _____ stopped us.
Eine **Polizistin** war **verletzt**.	A_____ was _____.
Die **Feuerwehrmänner** halfen ihr.	The _____ helped her.
Wie schnell kannst du hundert **Meter** laufen?	How fast can you run a hundred _____?
Ich **hoffe**, du wirst gewinnen.	I _____ you'll win.
Kannst du diese Kiste für mich **halten**?	Can you _____ this box for me?
Bin ich **stark** genug?	Am I _____ enough?
Ich denke, ich bin zu **schwach**.	I think I'm too _____.
Gestern **fiel** ein Mann in den Fluss.	A man _____ into the river yesterday.
Er kann nicht sprechen – er ist noch **bewusstlos**.	He can't talk – he's still _____.
Der **Ehemann** von Frau Kapoor ist aus Uganda.	Mrs Kapoor's _____ is from Uganda.
Herr Kapoor ruft gerade seine **Ehefrau** an.	Mr Kapoor is phoning his _____.
Bist du schon mal im **Krankenhaus** gewesen?	Have you ever been in _____?
Das war **knapp**!	_____.
Herr Smith hat sechs **Enkelinnen**.	Mr Smith has six _____.
Und wie viele **Enkel**?	And how many _____?

11 Word pairs

Welche Wörter passen zusammen?

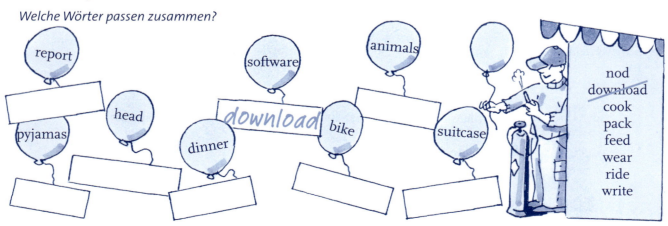

12 Pronunciation

Vervollständige die Listen mit Wörtern aus der Box.
In jeder Liste müssen sich die Wörter reimen.

Markiere für jede Liste das passende Lautschriftsymbol.

could heart made note
part played start stayed
stood throat would wrote

could	ʊ	art	ʊ	afraid	ʊ	boat	ʊ
good	əʊ	___	əʊ	___	əʊ	___	əʊ
___	ɑː	___	ɑː	___	ɑː	___	ɑː
___	eɪ	___	eɪ	___	eɪ	___	eɪ

Ordne die Lautschrift dem Wort zu.

1 kʊk   woman   4 ɑː   chance   7 greɪ   grey   10 ˈʃəʊldə   alone
2 fʊt   cook   5 tʃɑːns   laugh   8 ɪkˈspleɪn wave   11 kəʊld   shoulder
3 ˈwʊmən   foot   6 lɑːf   are   9 weɪv   explain   12 əˈləʊn   cold

Ordne die englischen Wörter der Lautschrift zu,
um den „geheimen" Satz zu finden.

Can explain hurts the why
woman's shoulder you

_____ _____ _____ _____ _____ _____ _____ _____ _____ ?
kən   juː   ɪkˈspleɪn waɪ ðə   wʊmənz   -ˈʃəʊldə hɜːts

13 Word ladder

Gehe von unten nach oben, indem du bei jeder Sprosse einen Buchstaben veränderst.

wife — the opposite of 'husband'
___ — The doctors tried to save the man's ▶.
___ — Is it better to ▶ in the town or in the country?
___ — I really ▶ it when you bring me presents.
___ — The Greens have got a new baby so they want to ▶ to a bigger flat.
___ — The homework is difficult. I need some ▶ time to finish it.
sore — I've got a ▶ throat, so I'm staying at home today.
sure — This question is easy, but I'm not ▶ about the next one.

Unit 5

New words ▸ *pp. 74 – 75*

Ich bin dran. Gib mir bitte die **Würfel**.
It's my turn. Give me the _____ please.

Wie viele **Spielsteine** brauchen wir?
How many _____ do we need?

Ich kann **ein Feld vorgehen**.
I can _____ .

Nein, du musst **ein Feld zurück**.
No, you have to _____ .

Brunel war ein berühmter **Ingenieur**.
Brunel was a famous _____ .

Hat er diesen Bahnhof **gebaut**?
Did he _____ this station?

Diese **Kneipe** ist über 300 Jahre alt.
This _____ is over 300 years old.

Jetzt muss ich **einmal aussetzen**.
Now I have to _____ .

Ist die **Schlittschuhbahn** das ganze Jahr geöffnet?
Is the _____ open all year?

Ich bin so müde – ich habe keine **Energie**.
I'm so tired – I've got no _____ .

Kannst du einen Känguru **vorspielen**?
Can you _____ a kangaroo?

Lass uns heute **eislaufen** gehen.
Let's go _____ today?

Die Schlittschuhbahn ist heute **geschlossen**.
The ice rink is _____ today.

Wir kaufen unser Obst auf dem **Markt**.
We buy our fruit at the _____ .

Obst ist sehr **gesund**.
Fruit is very _____ .

Haben wir Zeit für einen **Imbiss**?
Do we have time for a _____ ?

Deutschland ist **berühmt für** seine Autos.
Germany is _____ its cars.

In jenen Tagen gab es viele **Sklaven**.
In those days there were many _____ .

Unsere neuen Nachbarn sind **Briten**.
Our new neigbours are _____ .

Sind sie **reich** oder arm?
Are they _____ or poor?

Sie haben viel Geld und auch **Grund und Boden**.
They've got lots of money and _____ too.

Bauen sie Kartoffeln **an**?
Do they _____ potatoes?

Brauchst du **Zucker** für deinen Tee?
Do you need _____ for your tea?

Sklaven mussten in den **Tabak**feldern arbeiten.
Slaves had to work in the _____ fields.

Wann **kommt** der Flug **an**?
When does the flight _____ ?

5 **41**

1 A German-English crossword

Across →

3 stark (6)
7 schlecht, schlimm (3)
8 wenn, falls (2)
9 hoffen (4)
11 Sklave, Sklavin (5)
13 Ehemann (7)
15 verletzt (4)
16 Imbiss (5)
17 auf (2)
19 Ingenieur (8)
23 Feuerwehr-mann (7)
24 Zucker (5)

Down ↓

1 stürzen, hinfallen (4)
2 pantomimisch darstellen (4)
4 zwei (3)
5 eins (3)
6 Enkel (8)
10 Kneipe (3)
12 ankommen (6)
13 Krankenhaus (8)
14 eislaufen (5)
15 er (2)
18 Ehefrau (4)
20 brauchen (4)
21 klingeln, läuten (4)
22 Auto (3)

2 Spot the mistakes

In jedem Satz sind zwei Fehler. Finde und korrigiere sie.

1 You can get <u>idees</u> for your trip at the turist information. *ideas* _____ _____

2 Do you no what we can do hear in Bristol? _____ _____

3 You can learn about sience at this exiting museum. _____ _____

4 Or learn about slavs on the tobbaco farms in the Caribbean. _____ _____

5 Or spend an our on the ice if you have enaugh time. _____ _____

3 Word snail

Trage die englischen past participles der angegebenen Wörter in die Schnecke ein. Die Anfangsbuchstaben in der Schnecke helfen dir.

finden   anbauen   gehen   läuten   denken   kaufen   geben   bauen   sagen   schreiben   wissen

The secret words are: ☐☐☐☐☐☐☐☐ ☐☐☐☐☐

New words ▶ pp. 76–77

Das ist eine **Broschüre** über Bristol.	This is a _____ about Bristol.
Nein, **du irrst dich**.	No, _____ .
Weiß **jemand**, wie spät es ist?	Does _____ know what the time is?
Hast du die **Statue** von Brunel gesehen?	Have you seen the _____ of Brunel?
Ein **Fotograf** hat dieses Bild von mir gemacht.	A _____ took this picture of me.
Oma **ist** 1948 **geboren**.	Grandma _____ in 1948.
Nach der Schule **wurde** sie Verkäuferin.	She _____ a shop assistant after school.
Hast du Angst vor **Tunneln**?	Are you afraid of _____ ?
Meine Mutter ist **auch** Verkäuferin.	My mother is _____ a shop assistant.
Jedes Jahr **sterben** viele Menschen in Unfällen.	Many people _____ in accidents every year.
Unsere Eltern können **stolz auf** uns sein.	Our parents can be _____ us.
Bitte **markiere** die wichtigen Informationen.	Please _____ the important information.

4 What are the words?

Welche Wörter passen in die Lücken.

1 There's *something* about Bristol on TV tonight.

2 Sophie didn't go _____ last Sunday. She was at home all day.

3 Look! _____ is waving at you. Is it Jack?

4 Where? I can't see _____ . Oh yes, you're right. It is Jack.

5 I'm hungry but I haven't got _____ to eat.

6 Well, maybe we can have a snack _____ .

somebody ~~something~~ somewhere
anybody anything anywhere

5 Odd word out

Unterstreiche das Wort, das nicht passt.

1 German – British – Bristol – French

2 build – explain – say – tell

3 grandson – cousin – sister – family

4 terrible – famous – horrible – awful

5 mountain – lake – tunnel – river

6 play – practise – proud – put

New words ▸ p. 78

Diese Pizza ist **köstlich**.	This pizza is _____ .
Ich kann es nicht machen – es ist **unmöglich**.	I can't do it – it's _____ .
Ist es **möglich**, mit dem Bus dorthin zu fahren?	Is it _____ to go there by bus?
Du **machst Witze, nicht wahr**?	You'_____ ?
Tim spielt **ziemlich** gut, aber Jo spielt besser.	Tim plays _____ well, but Jo plays better.
Magst du diese **Geschmacksrichtung**?	Do you like this _____ ?
Nein, ich mag keine **Erdbeeren**.	No, I don't like _____ .
Unsere **Kunden** mögen unseren Laden sehr.	Our _____ love our shop.
Der **Kellner** bringt uns gerade die Suppe.	The _____ is bringing us the soup now.
Kannst du die **Kellnerin** um Wasser bitten?	Can you ask the _____ for water?
Das **mittelgroße** Hemd passt sehr gut.	The _____ shirt fits very well.
Passt das **große** Hemd auch?	Does the _____ shirt fit too?
Dieser Verkäufer ist immer **freundlich**.	This shop assistant is always _____ .

6 Word search

Finde im Rätsel die gezeichneten Dinge und markiere sie. (↓ →)

T	H	E	R	M	O	M	E	T	E	R	M
S	U	I	T	C	A	S	E	M	F	H	O
T	U	R	A	I	L	W	A	Y	A	Y	U
U	S	T	A	T	U	E	J	E	C	R	N
N	Y	Q	N	X	K	I	Z	L	T	C	T
N	N	U	G	E	T	I	C	E	O	C	A
E	O	F	E	A	N	F	Q	F	R	S	I
L	O	O	L	T	D	O	R	B	Y	H	N
H	E	A	R	T	M	R	I	C	B	E	S
P	C	A	S	T	L	E	V	Z	C	E	Y
P	Y	J	A	M	A	S	E	I	O	P	O
V	I	D	I	C	E	T	R	J	W	K	R

44 **5**

New words ▸ pp. 79 – 84

Schließ bitte **ab**, bevor du gehst.	Please _____ before you go.
IT steht für **Informationstechnologie**.	IT stands for _____ .
Jemand hat versucht, mein Handy zu **stehlen**.	Somebody tried to _____ my mobile.
Wann hat das Schiff den **Hafen** verlassen?	When did the ship leave the _____ ?
Mit sechs konnte ich schon schwimmen.	I could already swim _____ .
Er **segelte** um die Welt in 64 Tagen.	He _____ round the world in 64 days.
Es muss Feuer geben, wenn es **Rauch** gibt.	There must be fire if there's _____ .
Meine Eltern **rauchen** nicht.	My parents don't _____ .
Sei vorsichtig! **Feuerwerkskörper** sind gefährlich.	Be careful! _____ are dangerous.
Der alte Mann hatte einen langen weißen **Bart**!	The old man had a long white _____ !
Wie kann ich meinen Aufsatz besser **strukturieren**?	How can I _____ my essay better?
Ich habe den **Anfang** des Filmes verpasst.	I missed the _____ of the film.
Polizisten in England haben keine **Schusswaffen**.	Policemen in England don't have _____ .
Trägst du **Schmuck**? – Ja, Ohrringe.	Do you wear _____ ? Yes, earrings.
Das war eine interessante **Diskussion**.	That was an interesting _____ .
Das ist ein sehr starker Wind. Ist es ein **Tornado**?	That's a very strong wind. Is it a _____ ?

7 Word families

Vervollständige die Tabelle.

verb	noun
build	building
explain	
	invitation
install	
	smoke
survive	

8 Opposites

*Trage das Gegenteil der fett gedruckten Wörter
in die Lücken ein.*

1 a **strong** / _____ man

2 Is the shop still **open** / _____ ?

3 He came from a very **poor** / _____ family.

4 When does your flight **leave** / _____ ?

5 the **end** / _____ of the film

6 a good **wife** / _____

7 She looks **healthy** / _____ .

8 Is this really **possible** / _____ ?

9 Numbers and letters

Zu jeder Zahl gehört ein Buchstabe. Finde die Lösungswörter und dann den „geheimen Satz".

1 Did the __ __ __ __ __ __ arrive at the fire on time?
       14 6 3 1 11 1 5

2 We have to write an essay for our history __ E __ __ __ R __.
                                              4 1 8 2 12 1 3

3 The __ __ __ __ __ __ brought Jack some tea and cake.
      15 8 6 4 1 3

4 Brunel? He was a famous British __ __ __ __ __ __ __ __.
                                   1 5 9 6 5 1 1 3

5 Sophie's aunt and uncle work at a hospital – they're both __ __ __ __ __ __.
                                                             17 10 2 4 10 3 16

6 She's a __ __ __ __ __ __ in a famous band.
         16 6 5 9 1 3

7 A __ __ __ __ __ __ __ __ __ stopped me because my bike had no lamp.
    7 10 13 6 2 1 15 10 11 8 5

8 Mike and Jane are __ __ __ __ __ __ __ __ __ __ __ __ __ in a pet shop.
                    16 12 10 7   8 16 16 6 16 4 8 5 4 16

> Hey! Bei Berufen nimmt man dasselbe Wort für Frauen und Männer!
>
> Richtig, Ken ... dasselbe Wort. Mit wenigen Ausnahmen wie: policeman/policewoman waiter/waitress, ...

The secret sentence is

__ __ __ __ , __ __ __ __ __ __ __ , __ __ __ __ __ __ __ B __ __ __ __ __ __ !
15 12 1 5   6 11 10 13 17 1 3   6 15 8 5 4 4 10 18 1 8 16 4 8 3

10 Word friends

Die Wörter in zwei Käsestücken passen zum Verb im Schild. Finde sie.

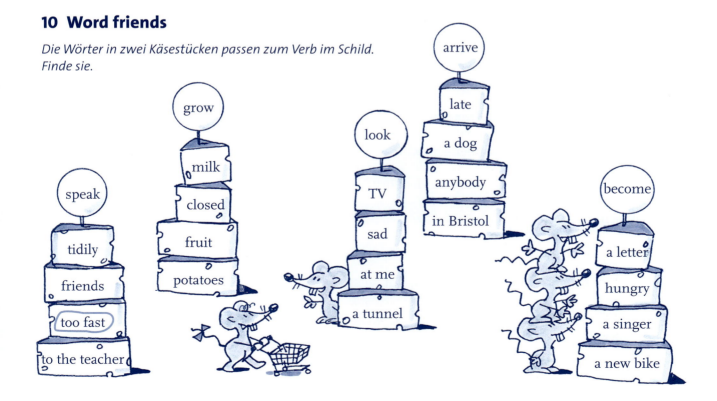

5

New words ▸ pp. 86 – 87

Wird die Polizei die Bankräuber **fangen**?	Will the police _____ the bank robbers?
Der **Dieb** versucht, das Auto zu stehlen.	The _____ is trying to steal the car.
Das wird ein **Fall** für die Polizei sein.	That will be a _____ for the police.
Wer war der Dieb? **Wen** hast du dort gesehen?	Who was the thief? _____ did you see there?
Verstehst du, was ich **meine**?	Do you understand what I _____ ?
Jane hat das Geld gestohlen. Ich habe **Beweise**.	Jane stole the money. I've got _____ .
Kim! Du kommst wieder zu spät! – **Na und**?	Kim! You're late again! – _____ ?
Wie können wir dem Dieb **eine Falle stellen**?	How can we _____ for the thief?
Hast du viel Geld in deiner **Geldbörse**?	Have you got much money in your _____ ?
Schöner **Ring**! Hast du viel Schmuck?	Nice _____ ! Do you have much jewellery?
Komm schnell, wenn ich **pfeife**.	Come quickly when I _____ .
Halt den Mund! Wir müssen jetzt still sein.	_____ We have to be quiet now.
Alles was wir jetzt tun müssen, ist ruhig sein.	_____ is to be quiet.
Suche deine Tasche! Wir haben es eilig!	_____ your bag! We're in a hurry!
Wo ist Jo? – **Ich nehme an**, er ist hinter uns.	Where's Jo? – I _____ he's behind us.
Warte mal. Is das die richtige Straße?	_____ . Is this the right road?
Lasst uns **hier entlang** gehen.	Let's go _____ .
Nein. Du gehst **in die falsche Richtung**.	No. You're going _____ .
Wir können den **Hausmeister** fragen.	We can ask the _____ .
Kannst du auf meine Tasche **aufpassen**?	Can you _____ my bag?
Hat die **Putzfrau** die Fenster sauber gemacht?	Has the _____ cleaned the windows?
Ich will nur ein Würstchen. Nimm bitte den **Rest**.	I only want one sausage. Please take the _____ .
Das ist nicht meine Tasche. **Gehört** sie dir?	That's not my bag. Does it _____ to you?
Ich verstehe es nicht. Es ist ein **Rätsel**.	I don't understand it. It's a _____ .
Jo ist zu laut. **Sag** ihm, dass er leise spielen soll.	Jo's too noisy. _____ him to play quietly.

11 Definitions

Vervollständige die Definitionen mit Wörtern aus dem Zettel.
Trage die richtigen Wörter von der Tafel in die rechte Spalte ein.

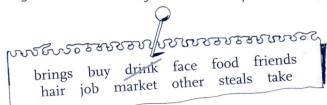
brings buy drink face food friends
hair job market other steals take

beard
customer
photographer
~~pub~~
thief
waiter

1 In this place people drink and talk to their _____ .   pub

2 If you _____ something at a shop or a _____ you are one.   _____

3 A bad person: he _____ things from _____ people.   _____

4 You _____ photos all the time if you have this _____ .   _____

5 This _____ grows on a _____ .   _____

6 This man _____ you _____ at a restaurant.   _____

12 Word groups

Trage die Wörter aus der Wiese in die richtige Blume ein.

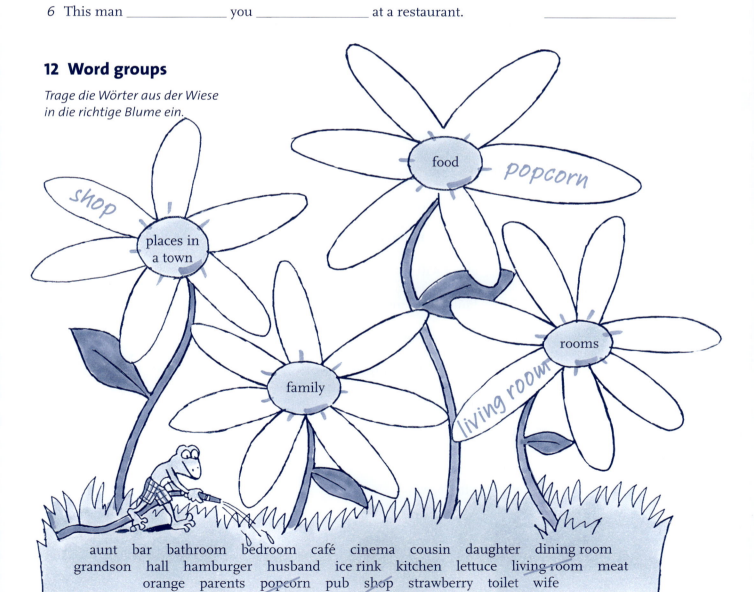

aunt bar bathroom bedroom café cinema cousin daughter dining room
grandson hall hamburger husband ice rink kitchen lettuce living room meat
orange parents popcorn pub shop strawberry toilet wife

Unit 6

New words ▶ p. 92

Dies ist eine alte **römische** Straße.	This is an old _____ road.
Und dies ist ein römisches **Bad**.	And this is a Roman _____ .
Sezten wir uns an den **runden** Tisch.	Let's sit down at the _____ table.
Lass uns später **in die Sauna gehen**.	Let's _____ later.
Wo können wir uns **ausruhen**?	Where can we _____ ?
Wann ist eure **Reise** nach England?	When is your _____ to England?
Ich hoffe, ihr werdet eure Zeit dort **genießen**.	I hope you'll _____ your time there.
Ich trage oft **Sandalen**, wenn es warm ist.	I often wear _____ when it's warm.
Es gibt eine große **Mauer** um den Garten.	There's a big _____ round the garden.
Wir bauten das Haus aus Holz und **Stein**.	We built the house with wood and _____ .

1 Lost words

Ergänze die Sätze mit den angesprühten Wörtern.

1 Bath is about 12 miles southeast __*of*__ Bristol.

2 The city is famous _____ its Roman buildings.

3 The Romans came _____ Britain in the year 43.

4 They stayed there _____ about 450.

5 _____ 43 and 25 they built lots of towns.

6 And they built roads, so people could travel faster _____ town to town.

7 The most important town _____ Roman Britain was London.

8 The Roman name _____ London was Londinium

for   between   from   of   to   in   till   for

2 Odd word out

Ein Wort passt nicht. Finde und unterstreiche es.

1 door – window – park – wall

2 beautiful – round – nice – pretty

3 famous – large – medium – small

4 Roman – German – London – British

5 cheese – bread – meat – stone

6 relax – armchair – bed – sofa

New words ▶ p. 94

Lasst uns **mit dem Fahrrad** nach Hause **fahren**.	Let's _____ home.
Wir können auch am Fluss **entlang** gehen.	We can also walk _____ the river.
Es gibt schöne **Pfade** durch den Wald.	There are nice _____ through the woods.
Wie geht es Ihnen, Frau Carter-Brown?	_____, Mrs Carter-Brown?
Wir **hatten** kein **Glück mit** dem Wetter.	We _____'nt _____ with the weather.
Glücklicherweise hatten wir gute Schuhe.	_____ we had good shoes.
Ich bin noch nie **in** England gewesen.	I've never been _____ England.
Bist du **schon mal** dort gewesen?	Have you been there _____?
Was können wir hier **sonst noch** machen?	_____ can we do here?

3 The fourth word

Welches Wort fehlt hier?

1 earrings – ears / shoes – _____
2 hand – fingers / foot – _____
3 eyes – see / nose – _____
4 head – headache / ear – _____
5 rainy – rain / foggy – _____

6 hot – cold / warm – _____
7 day – sun / night – _____
8 ship – sailor / car – _____
9 car – garage / ship – _____
10 noisy – quiet / strong – _____

4 Word web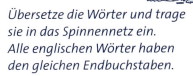

Übersetze die Wörter und trage sie in das Spinnennetz ein. Alle englischen Wörter haben den gleichen Endbuchstaben.

1 jeder, jede, jedes
2 neblig
3 schmutzig
4 leer
5 lustig
6 wütend, böse
7 früh
8 glücklich
9 heute
10 Tagebuch
11 Feind
12 bereit, fertig

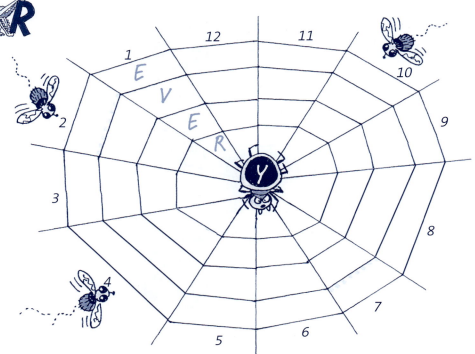

New words ▶ p. 95

Der Bus hält **gegenüber** von unserem Haus.	The bus stops _____ our house.
Hast du einen **Stadtplan** von Berlin?	Have you got a _____ of Berlin?
Kannst du mir **den Weg** nach Bath **beschreiben**?	Can you _____ me _____ to Bath?
Oder ich kann Jo **nach dem Weg fragen**.	Or I can _____ Jo _____ .
Wir müssen hier **rechts abbiegen**.	We have to _____ here.
Dann müssen wir die Brücke **überqueren**.	Then we have to _____ the bridge.
Geh **geradeaus weiter** zur alten Kirche.	Go _____ to the old church.
Gibt es ein **Postamt** hier in der Nähe?	Is there a _____ near here?
Ja. Neben der Kneipe an der nächsten **Ecke**	Yes. Beside the pub on the next _____
... gegenüber vom **Polizeirevier**.	... opposite the _____ .
Das Essen in diesem **Restaurant** ist nicht schlecht.	The food at this _____ isn't bad.
Wo kann ich eine **Apotheke** finden?	Where can I find a _____ ?
Hinter dem **Kaufhaus**!	Behind the _____ .
Hast du die **Wegbschreibung** verstanden?	Did you understand the _____ ?

5 Word snake

In der Schlange sind zehn Infinitive versteckt.
Finde sie und ergänze die Tabelle.

Denkt dran:
Bei unregelmäßigen
Verben immer alle
drei Formen lernen!

fly	flew	
feel		felt

6 Hour glasses

Übersetze die Wörter und trage sie in die passende Sanduhr ein.

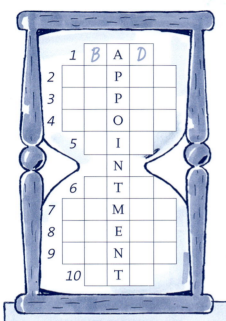
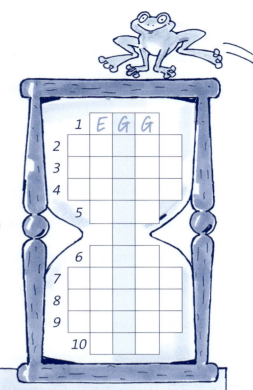

1 Ei – schlimm
2 leer – groß
3 Zeitung – Herz
4 überqueren – sonnig
5 groß – hinzufügen
6 Landkarte – sein(e)/ihr(e)
7 römisch – Bäder
8 andere(r, s) – träumen
9 Monat – piepsen
10 Kunst – aß

Das geheime Wort in der rechten Sanduhr heißt: Englisch _____

Deutsch _____

7 Word search

Finde im Gitter die Wörter, die in den Ausdrücken fehlen.

1 _drink_ milk
2 _____ a thief
3 _____ tobacco
4 _____ a house
5 _____ the road
6 _____ right
7 _____ to school
8 _____ a song
9 _____ a sauna
10 _____ sandals
11 _____ a trap
12 _____ a text

6

New words ▸ *pp. 96 - 102*

Ich sehe nur neun Leute. Wer **fehlt**?	I only see nine people. Who _____ ?
Jo steht auf der anderen Seite des **Platzes**.	Jo is on the other side of the _____ .
Wir **brauchen nicht** auf ihn zu warten.	We _____ wait for him.
Ich bin müde. Ich **kann nicht mehr** spielen.	I'm tired. _____ play _____ .
Hi, **hier spricht** Jo. Ist Jack zu Hause?	Hi, _____ Jo. Is Jack at home?
Lasst uns unserem Lehrer **einen Streich spielen**!	Let's _____ our teacher.
Wie viele **Planeten** kann man nachts sehen?	How many _____ can you see at night?
Bitte **berühre** diese alte Landkarte nicht.	Please don't _____ this old map.
Wer **entdeckte** den Planeten Uranus?	Who _____ the planet Uranus?
Wir **dürfen** den Raum **nicht** verlassen.	We _____ leave the room.
Die Gitarre ist ein schönes **Instrument**.	The guitar is a nice _____ .
Kannst du **Orgel** spielen?	Can you play the _____ ?
Es gibt so viele **Sterne** nachts am Himmel.	There are so many _____ in the sky at night.
Bitte **verbessert** alle Fehler.	Please _____ all the mistakes.

8 Definitions

Vervollständige die Definitionen mit Wörtern aus den Mauersteinen. Trage die richtigen Wörter aus Kens Zeitung in die rechte Spalte ein.

department store
map
~~stars~~

correct
teenager
post office

between	buy	change	city	mistakes	~~see~~	
send	shop	sky	way	stamps	way	young	

1 You often _see_ them in the _____ at night.   *stars*

2 A plan: it helps you find the _____ in a town or _____ . _____

3 A very big _____ : you can _____ lots of different things there. _____

4 a place where you can buy _____ or _____ parcels _____

5 a _____ person, _____ 13 and 19 years old _____

6 look for _____ and _____ them to make them right _____

9 Words with different meanings

Finde die passenden Wörter zu den Paaren 1–10 in der Box und trage sie ein.
Unterstreiche die deutschen Entsprechungen.

Ihr wisst schon: Manche Wörter haben mehr als eine Bedeutung!

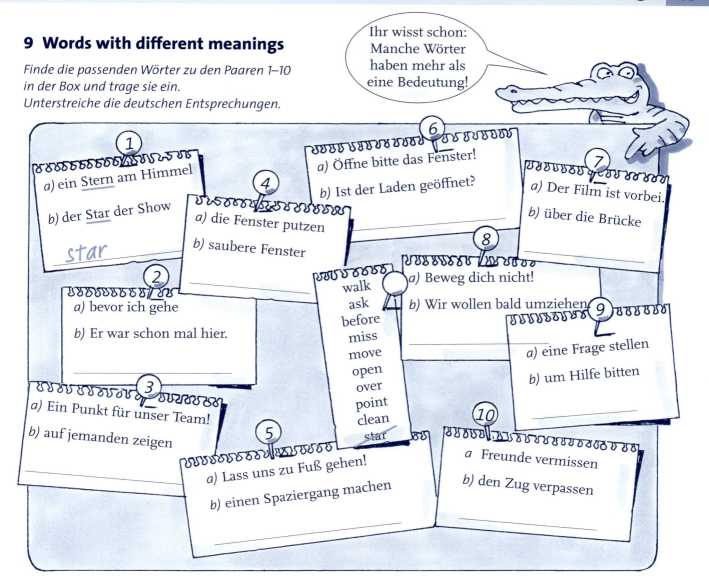

1. a) ein <u>Stern</u> am Himmel
   b) der <u>Star</u> der Show
   star

2. a) bevor ich gehe
   b) Er war schon mal hier.

3. a) Ein Punkt für unser Team!
   b) auf jemanden zeigen

4. a) die Fenster putzen
   b) saubere Fenster

5. a) Lass uns zu Fuß gehen!
   b) einen Spaziergang machen

6. a) Öffne bitte das Fenster!
   b) Ist der Laden geöffnet?

7. a) Der Film ist vorbei.
   b) über die Brücke

8. a) Beweg dich nicht!
   b) Wir wollen bald umziehen.

9. a) eine Frage stellen
   b) um Hilfe bitten

10. a) Freunde vermissen
    b) den Zug verpassen

Box: walk, ask, before, miss, move, open, over, point, clean, star

10 Word ladder

Gehe von unten nach oben, indem du bei jeder Sprosse einen Buchstaben veränderst.

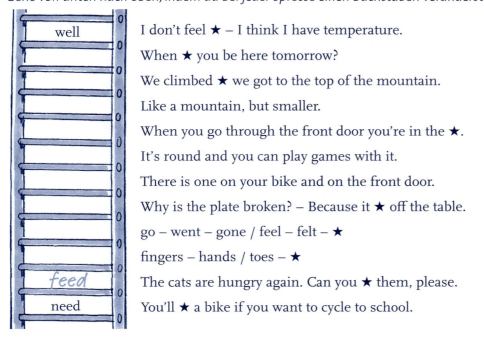

- well — I don't feel ★ – I think I have temperature.
- When ★ you be here tomorrow?
- We climbed ★ we got to the top of the mountain.
- Like a mountain, but smaller.
- When you go through the front door you're in the ★.
- It's round and you can play games with it.
- There is one on your bike and on the front door.
- Why is the plate broken? – Because it ★ off the table.
- go – went – gone / feel – felt – ★
- fingers – hands / toes – ★
- feed — The cats are hungry again. Can you ★ them, please.
- need — You'll ★ a bike if you want to cycle to school.

New words ▶ pp. 103–107

Das Sommer**trimester** fängt im April an.	The summer _____ starts in April.
Ich **mag** Judo **lieber** als Eislaufen.	I _____ judo _____ than ice skating.
Plötzlich **fiel** Jo von seinem Fahrrad **herunter**.	Suddenly Jo _____ his bike.
Milch und kein Zucker? – Nein, **anders herum**!	Milk and no sugar? No, _____!
Dann hörte ich die **Bewegung** des Verkehrs.	Then I heard the _____ of the traffic.
Viel Spaß im **Freizeitpark**!	Have fun at the _____!
Du **zitterst**! Frierst du?	You're _____! Are you cold?
Er **gähnte** und ging ins Bett.	He _____ and went to bed.
Hat die Show dem **Publikum** gefallen?	Did the _____ like the show?
Hurra! Ferien!	_____! Holidays!
Wie viel muss ich da**für bezahlen**?	How much do I have to _____ this?
Sind **Tomaten** und **Kopfsalat** gesund?	Are _____ and _____ healthy?
Brunel lebte im 19. **Jahrhundert**.	Brunel lived in the 19th _____.
Ich **frage mich**, wie das Leben damals war.	I _____ what life was like then.
Wir alle **jubelten**, als unsere Mannschaft gewann.	We all _____ when our team won.
Es gab Spaß und **Gelächter** auf der Party.	There was fun and _____ at the party.
Ich habe keine **Sorgen**, wenn ich in Urlaub bin.	I have no _____ when I'm on holiday.
Im Sommer wird es sehr früh **hell**.	In summer it gets _____ very early.
Ich weiß nicht, **ob** das stimmt.	I don't know _____ that's right.
Ist diese Geschichte wirklich **wahr**?	Is this story really _____?

11 Word pairs

Welche Wörter passen zusammen?

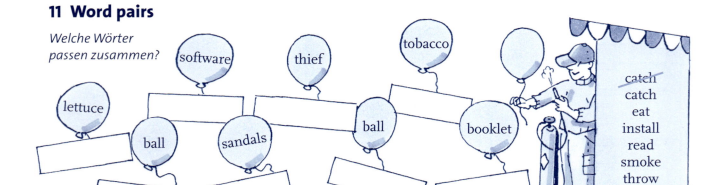

12 Pronunciation

Vervollständige die Listen mit Wörtern aus dem Zettel.
In jeder Liste müssen sich die Wörter reimen.

Markiere für jede Liste das passende Lautschriftsymbol.

*bought – caught – cheer – deer
flight – grew – here – quite
sport – threw – true – white*

cheer	ɔː	bright	ɔː	_____	ɔː	_____	ɔː
dear	(ɪə)	_____	ɪə	_____	ɪə	brought	ɪə
_____	aɪ	_____	aɪ	through	aɪ	_____	aɪ
_____	uː	_____	uː	_____	uː	_____	uː

Ordne die Lautschrift dem Wort zu.

1 ˈrɪəli   disappear   4 ˈsaɪkl   behind   7 muːv   few   10 ɪnˈstɔːl   thought
2 bɪəd   really   5 bɪˈhaɪnd   cycle   8 ˈfjuː   proof   11 θɔːt   important
3 ˌdɪsəˈpɪə   beard   6 ˌaɪ ˈtiː   IT   9 pruːf   move   12 ɪmˈpɔːtnt   install

Ordne die englischen Wörter der Lautschrift zu, um den geheimen Satz zu finden.

*beard behind
disappeared man rhino
the the The with*

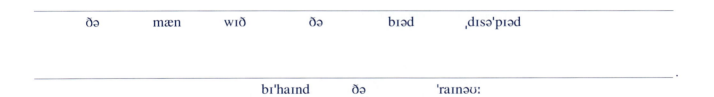

ðə   mæn   wɪð   ðə   bɪəd   ˌdɪsəˈpɪəd

bɪˈhaɪnd   ðə   ˈraɪnəʊ .

13 Picture Puzzle

Finde 7 weitere Dinge.

1 bath
1 _____
2 _____
4 _____

5 _____
6 _____
7 _____
8 _____

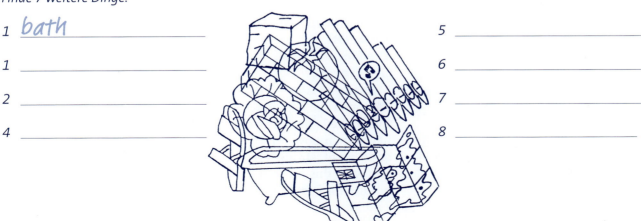

14 Crossword

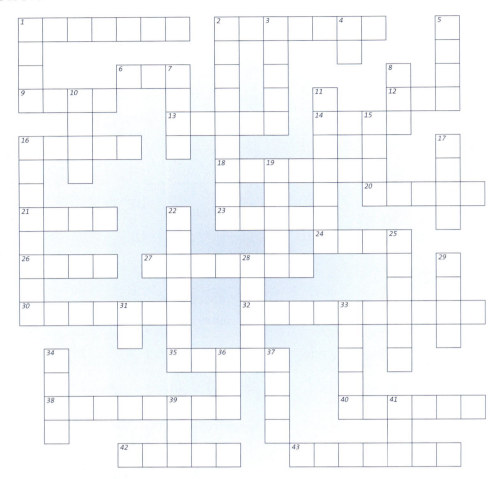

Across

1 Please ★ the mistakes in your essay. (7)
2 a 'house' or 'hotel' behind a car (7)
6 see – ★ – seen (3)
9 lose – lost – ★ (4)
12 ★ 5 and 4 and you get 9. (3)
13 opposite of 'before' (5)
14 American English – elevator / British English ★ (4)
16 ★ – left – left (5)
18 Can you ★ the software please? (7)
20 throw – ★ – thrown (5)
21 We ★ tomatoes in our garden. (4)
23 speak – ★ – spoken (5)
24 opposite of 'poor' (4)
26 another word for 'speak' (4)
27 a very strong wind (7)
30 You throw this away because you don't want it. (7)
32 opposite of 'background' (10)
35 another word for 'little' (5)
38 What was the thief like? Can you ★ him please? (8)
40 opposite of 'everybody' (6)
42 The languages of Wales are English and ★. (5)
43 bring – ★ – brought (7)

Down

1 opposite of 'warm' (4)
2 Germany and France are ★. (9)
3 The Elbe is a ★ in Germany. (5)
4 My name is Alex – I'm ★ the top of the list. (2)
5 I've ★ the table, so we can have lunch now. (4)
7 opposite of 'strong' (4)
8 You wear this on your head, but not for baseball. (3)
10 a famous person or something in the sky (4)
11 This person cleans houses, flats or other buildings. (7)
15 feel – ★ – felt (4)
16 German – Gelächter / English – ★ (8)
17 We ★ from London to New York in seven hours. (4)
19 stand – stood – ★ (5)
22 a word for shirt, jeans, jacket (7)
25 man – men / hero – ★ (6)
28 another word for 'terrible' (5)
29 go – ★ – gone (4)
31 he – she – ★ (2)
33 If you add blue to yellow, you get ★. (5)
34 If you ★ in the cupboard, nobody will find you. (4)
36 eat – ★ – eaten (3)
37 like something very much (4)
39 Jo can't go to school today because he's ★. (3)
41 opposite of 'small' (3)